# EL CAMINO DEL LÍDER

David Fischman

# EL CAMINO DEL LÍDER

## Sabiduría ancestral aplicada al liderazgo

David Fischman

AGUILAR

Torrelaguna, 60. 28043 Madrid
Teléfono 91 744 90 60
Telefax 91 744 90 93

• Aguilar, Altea, Taurus, Alfaguara, S. A.
Beazley 3860. 1437 Buenos Aires
• Aguilar, Altea, Taurus, Alfaguara, S. A. de C. V.
Avda. Universidad, 767, Col. del Valle,
México, D.F. C. P. 03100
• Ediciones Santillana, S. A.
Calle 80 Nº 10-23
Bogotá, Colombia

Diseño de cubierta: Grafica

*Primera edición: septiembre de 2002*

ISBN: 84-03-09306-3
Depósito legal: M-26.218-02
Impreso en España por Fernández Ciudad, S. L. (Madrid)
Printed in Spain

# [Índice]

# [Prólogo]

El trabajo de hombres y mujeres en cargos ejecutivos se ha hecho más difícil en las últimas décadas debido a tres fuerzas que interactúan en el mundo actual: la apertura de los mercados, el impacto de las tecnologías y la globalización.

Estas tres fuerzas han modificado el entorno en que los ejecutivos toman decisiones, ya que hay más competencia y más información, y las interacciones se producen entre personas de culturas y valores diferentes. Ha cambiado la manera de trabajar, tanto desde el punto de vista del contenido como de la forma de efectuar el trabajo.

Los ejecutivos siguen siendo responsables hoy en día de definir su sistema de gestión, es decir, de establecer qué es lo que hay que hacer, cómo, cuándo y quién tiene que hacerlo. Sin embargo, la nueva realidad de las empresas conlleva la necesidad de prestar atención a otra esfera de acción en el trabajo ejecutivo: el liderazgo.

En tanto la gestión se enfoca hacia la resolución de problemas cada día más complejos, el liderazgo es la herramienta para afrontar los cambios cada día más frecuentes. Ambos son sistemas de acción que se complementan. Según Kotter[1], profesor de la Universidad de Harvard, la mayoría de las empresas en EE UU tiene un exceso de gestión y falta de liderazgo. A una conclusión similar llegó Andrés Raineri[2], profesor de la Escuela de Administración de la Pontificia Universidad Católica de Chile.

En un estudio de habilidades gerenciales en Chile, se demostró que «los ejecutivos poseen un mayor grado de dominio de las habilidades analíticas, de valores y de motivación[3], un menor grado de dominio de las habilidades interpersonales y aún menor de las habilidades emocionales».

Diversas investigaciones académicas han demostrado que la deficiencia en estas habilidades es una causa frecuente de fracasos en las carreras ejecutivas. Como dice Raineri: «En la medida que las empresas abandonan las estructuras organizacionales burocráticas y jerárquicas por otras más orgánicas y flexibles, cambian las habilidades esenciales para el desempeño laboral de los ejecutivos. En las primeras, lo indispensable es contar con la motiva-

---

[1] KOTTER, John: *What leaders really do.* Harvard Business School, MJ, 1990.

[2] RAINERI, Andrés: «Habilidades Gerenciales: análisis de una muestra de Administradores en Chile». *Abante,* Vol. 1, nº 2.

[3] Estas habilidades se pueden asimilar a la capacidad de gestión.

ción, los conocimientos y las habilidades técnicas necesarias para ejecutar las tareas del cargo asignado. Por otra parte, en organizaciones más orgánicas y flexibles, el dominio de habilidades interpersonales y emocionales, tales como ser capaz de analizar contextos sociales y grupales, influenciar sobre otros, negociar soluciones, organizar equipos de trabajo y establecer relaciones sólidas con otros grupos dentro y fuera de la organización, adquieren un valor determinante en el éxito y fracaso de una gestión». En resumen, las habilidades interpersonales y emocionales son las que distinguen a los líderes. De ahí que el desarrollo de estas habilidades sea el desafío actual para las personas en cualquier organización.

Kotter nos ayuda a comprender de qué estamos hablando cuando dice: «El liderazgo no es algo místico y misterioso. No tiene que ver con el carisma o algún rasgo exótico de la personalidad. No es el dominio de los elegidos. Por supuesto, no todo el mundo puede ser bueno como líder y como gestor. Algunas personas pueden tener la capacidad de llegar a ser extraordinarios gestores, pero nunca serán líderes fuertes. Otras tienen un gran potencial de liderazgo, pero, por una serie de razones, tienen dificultades para convertirse en gestores eficientes. Las empresas inteligentes valoran a los dos tipos de personas y se esfuerzan por conseguir que se integren en su equipo. De todas formas, cuando se trata de preparar a personas para desempeñar funciones ejecutivas, estas empresas hacen bien en desentenderse de las teorías recientes según las cuales una persona no puede gestionar y liderar. Por el contrario, intentan crear líderes-gestores».

Lo anterior nos ilustra sobre la necesidad de ser líderes. El problema es cómo llegar a serlo. Es en este contexto que se presenta el libro *El camino del líder. Sabiduría ancestral aplicada al liderazgo,* de David Fischman.

Fischman nos presenta un camino de perfeccionamiento personal, útil en todos los ámbitos de la vida. Como ejecutivos, profesionales o técnicos, pero también como miembros de una familia, grupo deportivo, afiliación religiosa o voluntariado. Es, por lo tanto, más amplio en su alcance que las meras relaciones del trabajo.

De lo anterior se desprende que este libro puede ser útil para cualquier persona. Fischman nos muestra un camino de desarrollo de habilidades interpersonales y emocionales, valioso en todos los ámbitos de la relación con otras personas. Lo paradójico de dicho camino es que se basa en lo que él llama «historias ancestrales», pequeñas anécdotas que se han transmitido a lo largo de muchas generaciones en culturas milenarias, particularmente del Oriente, para enseñar a los jóvenes los caminos de la vida.

Contrariamente a lo que se podría pensar, la necesidad de desarrollar estas habilidades de interacción ha acompañado al ser humano desde sus inicios como *homo sapiens.* La supervivencia de estas «historias ancestrales» en tradiciones culturales milenarias es la mejor demostración de su relevancia y aplicación. Pero Fischman, además, recurre a una sólida base científica, como es de esperar en una persona que tiene una excelente formación como profesor universitario y que ha dedicado parte importante de su vida profesional a la educación. En una forma admirable, Fischman funde sus «historias» con desarrollos recientes de las ciencias sociales, «teorías» que dan una fundamentación moderna a sus planteamientos, en citas bibliográficas que pueblan el texto y dan peso al argumento. De ahí surgen los dos pilares de su trabajo, las «historias» y las «teorías» que, cuando las aplica a ejemplos de la vida ejecutiva, resultan esclarecedoras e ilustrativas.

La estructura del libro en capítulos breves permite una rápida lectura y fácil comprensión, pero en ningún caso se debe menospreciar la importancia de lo leído por su brevedad. Tal como Fischman nos presenta sus «vivencias», todos las tenemos. Al reexaminar nuestras experiencias a la luz de este libro, estaremos iniciando un camino que recorreremos para alcanzar una vida mejor para nosotros mismos y quienes nos rodean. Y, como cuenta la «historia ancestral», al final del arco iris habrá un «caldero lleno de oro».

*Matko Koljatic Maroevic*
Director de la Escuela de Administración
Pontificia Universidad Católica de Chile

# [Introducción]

Cuentan que un hijo le comunicó a su padre que quería ser un líder, y le preguntó cómo podía lograrlo. El padre le respondió que lo primero que tenía que hacer era ser consciente de su conducta. Que cada vez que sintiera que había hecho daño a una persona, clavara un clavo en la cerca de su casa. El hijo aceptó el desafío y empezó a tomar mayor conciencia de sus actos. Siguiendo el consejo de su padre, comenzó a poner clavos cada vez que hacía daño, maltrataba a una persona o no la respetaba. Después de un tiempo, el hijo dejó de poner clavos en la cerca, porque ya era consciente de sus actos y trataba bien a las personas. Entonces preguntó a su padre: «¿Y ahora qué hago?». El padre le respondió diciéndole que por cada acto de bien y servicio que realizase, sacase un clavo de la cerca. El hijo nuevamente aceptó el reto y empezó, poco a poco, a sacar los clavos. Ya estaba despierto, era consciente y además se dedicaba a ayudar a las personas. En poco tiempo logró sacar todos los clavos. Contento, se acercó donde su padre, quizá con un poco de soberbia y le dijo: «¡He terminado! ¡Logré sacar todos los clavos! Finalmente he aprendido a ser una mejor persona, un líder». Sin embargo, acto seguido, le asaltó una duda: «¿Ahora qué haremos con todos los agujeros que dejaron los clavos en la cerca?». El padre le respondió: «No los toques. Están allí para recordarte siempre que en tu camino de aprendizaje dejaste una huella de dolor en la gente y que gracias a su entrega, comprensión y colaboración ahora puedes ser la persona que eres».

Quise empezar este libro con la historia anterior por tres motivos. El primero, porque *El camino del líder* es un libro donde quiero compartir con el lector las huellas que yo dejé en mi camino de aprendizaje de liderazgo. Por ello, este libro es un agradecimiento a todos aquellos que me ayudaron a crecer y a desarrollarme como persona. Compartiendo mis huellas quizás ayude a los lectores a aprender de mis errores y a no dejar tantas huellas en su propio camino.

El segundo motivo es que *El camino del líder* es un libro lleno de historias como la citada al inicio de esta introducción, historias que transmiten mucha sabiduría. En la India es muy común el aprendizaje a través de historias. Lo interesante de ellas es que permiten relacionar conceptos nuevos con los que ya tenemos en la mente, lo que hace muy fácil el aprendizaje. Esto se denomina «aprendizaje metafórico». Cuando me encuentro con alumnos que acudieron a mis talleres de liderazgo y les pregunto qué es lo que más recuerdan del curso, su respuesta es siempre la misma: las historias. Uno olvida con facilidad los conceptos teóricos si no los aplica rápidamente, pero el aprendizaje de las historias queda almacenado para siempre.

Este libro está lleno de historias ancestrales de China, Japón, África y de la India. Historias que no sólo sirven para explicar el liderazgo, sino que pueden utilizarse para transmitir sabiduría a la familia y a las personas queridas.

El tercer motivo es que esta historia narra el inicio y el fin de *El camino del líder*. El primer paso que debe dar aquella persona que quiere ser líder es aprender a ser consciente, pues éste es un elemento clave para lograr el liderazgo personal. La historia termina con la etapa más evolucionada del liderazgo interpersonal: el servicio a los demás. No podemos ser líderes si no tenemos primero la capacidad de liderarnos a nosotros mismos.

El liderazgo personal se logra cuando el individuo emprende el camino trabajando su autoestima, creatividad, visión, equilibrio y capacidad de aprendizaje. El liderazgo interpersonal se logra posteriormente, cuando la persona domina la comunicación, aprende a dirigir a otros y a entregarles el poder, a trabajar en equipo y a servir a sus seguidores.

El liderazgo es un camino en espiral que va de dentro hacia fuera. Si una laguna que alimenta a un río no es profunda, si tiene poca agua, el río no podrá irrigar los campos y no se podrá sembrar ni cosechar. De la misma forma, si la persona no tiene primero un nivel de profundidad interior, no podrá irrigar un liderazgo constructivo y hacer crecer a las personas que la siguen.

# [I] Autoestima

Autoestima supone, primero, ser conscientes de nuestros actos. Si usted pudiera preguntarle a un pez: «¿Cómo crees que es el océano?», el pez respondería: «¿De qué océano hablas?». Si está inmerso en él, no podrá apreciar la diferencia. Nosotros estamos inmersos en un océano de creencias, supuestos y prejuicios que consideramos verdaderos, pero que no necesariamente lo son. Ser consciente es despertar, sacar la cabeza del agua y darnos cuenta de nuestros comportamientos subconscientes.

Autoestima implica conocerse a sí mismo. Vivimos siempre tan apurados que no tenemos tiempo para conocer a otras personas. Pero lo peor de todo es que ni siquiera nos damos un tiempo para reflexionar y conocernos a nosotros mismos.

Imagínese que estamos en el medio del mar en una embarcación. Si somos conscientes de dónde estamos en el mapa o a través de un GPS y conocemos la embarcación, sus fortalezas y puntos débiles, ıa capacidad de llevarla al destino que ..nos.

La vida siempre nos presenta problemas y situaciones en las que debemos tomar decisiones. Si estamos despiertos y nos conocemos profundamente, tendremos la capacidad de decidir lo mejor para nosotros. Según Branden, las personas que tienen baja autoestima se sienten poco valoradas, poco respetadas y poco competentes[4]. Es una sensación profunda que nos impide muchas veces avanzar en la vida.

Las personas con baja autoestima tienen por lo general un enemigo interno que les habla al oído para decirles cosas negativas: «no hagas eso», «tú no puedes», «tú no vales», «no te respetan», «no te quieren». Si una persona no tiene autoestima será muy difícil que tome el camino del liderazgo. No sólo no será consciente de su realidad, sino que su diálogo interno le impedirá correr riesgos, aprovechar oportunidades y tener buenas relaciones interpersonales con su equipo.

---

[4] BRANDEN, Nathaniel: *The Six Pillars of Self-Esteem.* New York. Bantam Books, 1995.

*Fallar no te convierte en un fracasado. Rendirte, aceptar el fracaso y no querer volver a intentarlo, sí lo hace.*

Richard Exley

# Autoestima: la base del liderazgo

*Baja autoestima es como no tener cinturón de seguridad para viajar en una montaña rusa. No disfrutaríamos del viaje, y cada subida y bajada brusca en la montaña de la vida nos haría sentir que caemos al vacío.*

Imagínese o simplemente recuerde, en su experiencia pasada, las siguientes situaciones de comunicación de un gerente con sus subordinados:

—¡No estoy de acuerdo! Ninguna de las ideas que plantean dará resultado. Como siempre, yo soy el único que piensa en esta organización.

—¡Ésta es la tercera vez que te equivocas! ¿Es que no tienes cerebro?

—Aquí se hace lo que yo digo. Aquí hay una persona que manda, y ésa soy yo. Eso de dar poder, del *empowerment,* son tonterías. La única forma de hacer bien las cosas es obedeciendo a un líder, y ése soy yo.

Situaciones como éstas deterioran la motivación de los subordinados y bajan sustancialmente la productividad en las empresas.

Yo le formulo al lector la siguiente pregunta: ¿cuál cree que es el elemento común de la personalidad de los gerentes anteriormente mencionados? La respuesta es: falta de autoestima.

Según Branden, la autoestima tiene dos ejes: la capacidad de sentirse competente y seguro, y la capacidad de valorarse y respetarse a sí mismo[5]. Cuando los gerentes tienen una baja autoestima actúan como una goma que está presionada hacia abajo y que ejerce una fuerza para regresar a su posición original. Esa fuerza se traduce en conductas que tratan de elevar la autoestima a toda costa, pero sin lograr ningún resultado.

Cuando un gerente tiene baja autoestima, su conducta menoscaba permanentemente a los demás. Como no se siente competente, necesita creer que los demás son menos que él. Cada vez que encuentra errores en sus subordinados, o que se convence a sí mismo de que sus ideas son las mejores, o cada vez que se siente poderoso porque es el único que toma decisiones, está tratando de elevar su autoestima de forma ficticia. Trata de sentirse competente, convencerse de que vale y que es superior a sus subordinados.

---

[5] Ibíd.

Hoy en día la gerencia moderna propone entregar más poder, confianza y responsabilidad a los subordinados. La calidad total y la cultura de la innovación se basan en gerentes capaces de trabajar en equipo con su personal, de crear un clima de cooperación y de crecimiento personal. Si el gerente tiene una baja autoestima saboteará inconscientemente cualquier esfuerzo por lograr este tipo de cultura.

Cuando nuestra autoestima es baja, nos comportamos como cuando tenemos un globo agujereado. Tratamos todo el tiempo de inflarlo —es decir, de elevar la autoestima— con conductas como las antes mencionadas. El globo se infla un poquito, pero luego vuelve a su estado original. Para elevar la autoestima de forma real se requiere un proceso mucho más complejo.

Lo más trágico de la baja autoestima es que la persona no es consciente de sus conductas. Se trata de procesos subconscientes que tienen su origen en la niñez. Por eso, para elevar la autoestima de forma real se requiere de una terapia psicológica seria que permita a la persona tomar conciencia de su conducta e ir construyendo, poco a poco, las bases sobre las que desarrollará su seguridad y valoración.

Los gerentes con baja autoestima tienen otro tipo de conductas que también son perjudiciales para el mundo empresarial. Tratan de ponerse en situaciones en las que terminan haciendo las cosas mal, donde se demuestran a sí mismos que, efectivamente, no son competentes. Es el caso, por ejemplo, de un gerente que acepta más y más trabajo hasta que se satura y las cosas le salen mal. O el de una persona que sabe que al gerente le molesta la impuntualidad y llega permanentemente tarde a trabajar, con lo que comete una suerte de autosabotaje. A través de comportamientos subconscientes, terminan comprobando que, en realidad, no son personas capaces.

Otras conductas resultantes de una baja autoestima son los excesivos celos profesionales, la inseguridad para comunicar sus ideas, el excesivo deseo de mostrar símbolos de *status* y de hablar permanentemente de sus logros, así como la incapacidad para innovar y cambiar.

El Centro de Liderazgo de la Universidad Peruana de Ciencias hizo un estudio en el que se encontró que el principal tema tabú en las empresas era hablar del estilo de liderazgo del jefe. Nadie habla del estilo gerencial del jefe por miedo a las represalias. Entonces, si los subordinados no se atreven a enfrentar este problema por miedo y el jefe no es consciente de su realidad, ¿cuándo y cómo saldremos de este círculo vicioso?

*Tanto si piensas que puedes como que no puedes, estarás en lo cierto.*

Henry Ford

# SOMOS CREADORES DE PROFECÍAS

*El uranio es un mineral que puede ser tremendamente destructivo para el ser humano, pero también le sirve para la generación de energía. De la misma forma, nuestros pensamientos son un arma poderosa que puede destruir o construir, dependiendo de cómo los usemos.*

En un experimento dirigido por Rosenthal y Jacobson[6], de la Universidad de Harvard, a ciertos profesores de colegio se les pidió que determinaran cuáles de sus alumnos eran brillantes y cuáles eran deficientes, según unas pruebas de inteligencia. Dichas pruebas eran ficticias, y los alumnos en rea-

---

[6] ROSENTHAL, Robert y JACOBSON, Lenore: *Pygmalion in the Classroom: Teacher Expectations and Pupils' Intellectual Development.* New York. Holt, Rinehart and Winston, 1968.

lidad tenían similar nivel y potencial. Al término del período experimental, los alumnos catalogados ficticiamente como inteligentes obtuvieron mucho mejor rendimiento que aquellos que fueron catalogados como deficientes. Los profesores, pensando que los primeros eran alumnos muy inteligentes, les dieron más tiempo, incentivos y estímulos. Los profesores fueron, sin saberlo, creadores de sus propias profecías. Lograron que los alumnos fueran más capaces con sólo pensar que lo eran.

La profecía ficticia que se cumple ocurre cuando tenemos una creencia tan profunda que actuamos como si ésta fuese verdad. Como consecuencia, nuestros comportamientos terminan haciendo realidad la profecía. Cuentan que Johnny Carson, animador del popular *Tonight Show* en California, comentó muy serio a su audiencia: «Lamento darles una muy mala noticia: el papel higiénico se acaba de agotar en California. Cuiden como oro el papel que les queda»[7]. ¿Qué creen que pasó al día siguiente? Por supuesto, el papel higiénico se agotó y se cumplió la profecía. Las personas estaban tan convencidas de que se agotaría el papel, que su comportamiento fue comprar grandes cantidades y almacenarlas.

Las profecías ficticias que se cumplen están muy presentes en la economía y la empresa. Todos sabemos el daño que le puede causar a un banco el ru-

---

[7] VON OECH, Rogert: *A Whack on the Side of the Head. How You Can Be More Creative.* California. Warner Books, 1983.

mor de que va a quebrar. La gente, creyendo que el banco es inestable, actúa de acuerdo con esta creencia y retira todo su dinero, con lo cual el banco efectivamente se debilita y hasta puede quebrar. Lo mismo ocurre con la inflación: si la gente piensa que los precios van a subir, todos se adelantan, suben sus precios y se produce la inflación. En Estados Unidos, uno de los indicadores más importantes para predecir el futuro de la economía es una encuesta de expectativas a los ejecutivos. Si los ejecutivos piensan que en el futuro habrá recesión, existe una gran posibilidad de que ésta ocurra. Las empresas dejan de invertir, de hacer proyectos nuevos y de contratar personal por temor a una menor demanda, y toda la economía se empieza a paralizar. La profecía termina cumpliéndose.

En la empresa, la profecía ficticia que se cumple crea frecuentemente círculos viciosos entre jefe y subordinado. Si usted tiene un subordinado que no le convence porque cree que carece de las habilidades necesarias, no le dará oportunidades, no lo motivará, ni lo ayudará a mejorar. Sentirá que es una pérdida de tiempo. A su vez, si el subordinado siente que su jefe no lo escucha, no le da oportunidades y no lo incentiva, se desmotivará y tendrá baja productividad. Al ver esto, el jefe le prestará aún menos atención y el círculo continuará hasta que el subordinado renuncie o sea despedido. La profecía se ha cumplido. ¿Cuántas personas valiosas se pierden simplemente por creencias equivocadas?

Si pensamos que la economía está en mal estado, pues seguirá mal. Si pensamos que habrá inflación, pues habrá inflación. Si pensamos que una persona es un mal empleado, pues seguirá siendo un mal empleado. Si pensamos que no somos capaces, seremos los profetas de nuestro propio fracaso. Nuestros pensamientos son escultores de la obra de nuestra vida. Cómo los utilicemos depende sólo de nosotros mismos. Si tenemos una piedra entre las manos, podemos destruirla o esculpir con ella una maravillosa obra de arte.

*Uno puede encontrar los fallos de los demás en pocos minutos, pero puede pasarse toda la vida intentando descubrir los suyos.*

Anónimo

# Hay que quitarse la venda para competir

*¿Podría usted competir en una carrera de vallas siendo el único de los participantes que tiene los ojos vendados? Lo mismo ocurre en la empresa cuando los gerentes son inconscientes de sus comportamientos. Para competir hay que quitarse la venda.*

Hace quince años, cuando era gerente financiero de una empresa, aprendí una lección importante. Escuché que mis subordinados hablaban fuera de mi oficina sobre un loco. Al comienzo no hice caso, pero, como seguían hablando abrí la puerta con curiosidad y les pregunté: «¿Quién es el loco? ¿Se ha metido un loco a la oficina?». Mi personal se quedó mudo; algunos incluso se pusieron pálidos. En ese momento me preocupé: ¿algún loco habría robado algo de la empresa? Ante mi insistencia, uno de ellos se armó de valor y me dijo: «Disculpa, David: el loco eres tú». Sentí como si despertara de golpe y cayera de la cama a una realidad desconocida. Confieso que en esa época mi estilo gerencial era autoritario, explosivo y poco predecible. Sin embargo, no era consciente de mi comportamiento, ni de cómo era percibido por mis subordinados.

Nuestra mente es como un iceberg: una pequeña parte, el consciente, aparece sobre el agua, pero otra, bastante mayor, está sumergida. Cuando trabajamos sin ser conscientes de nuestras conductas y sus consecuencias, estamos actuando desde la parte sumergida, el subconsciente. La lección que aprendí a partir de la experiencia del «loco» es que tenemos conductas propias que no conocemos. Debemos dar a quienes nos rodean la oportunidad de ayudarnos a despertar.

En mis talleres de liderazgo doy a cada participante tres sobres que deben entregar a amigos cercanos. En los sobres se pregunta sobre los aspectos más positivos de la persona y las áreas en que tiene que mejorar. Cuando el alumno lee las respuestas, muchas veces descubre características que no conocía. Es un momento emotivo. Aparecen muchas caras tristes y hasta lágrimas. Con la ayuda de los sobres, el alumno se sumerge, pica un poco de hielo del iceberg y lo trae a la superficie para analizarlo.

Cuanto más conscientes de nuestros actos seamos, mejor será nuestro manejo interpersonal y mayor nuestra posibilidad de evitar conflictos innecesarios.

Hace poco, en una reunión de equipo, un miembro atacó fuertemente a otro. El agredido respondió al ataque con la misma vehemencia y se creó un clima muy tenso. Al término de la reunión, quien agredió primero me comentó: «¿Viste cómo me atacaron sin motivo? No hice nada para recibir este trato». Intrigado, en ese momento le pregunté: «¿No te has dado cuenta de que tú atacaste primero?». Sinceramente, respondió que no. Estar despiertos significa mirar por nuestros ojos y por un «tercer ojo» fuera de nosotros, y observar todo lo que ocurre. También significa aceptar críticas y sugerencias de los demás. Estar despiertos significa dejar de mirar solo hacia nosotros mismos para mirar afuera, hacia las reacciones y emociones de otros.

Los gerentes «dormidos» pueden hacer mucho daño al clima organizativo y desmotivar a su personal. Pero la responsabilidad no es sólo del gerente: los subordinados también ponen lo suyo. Si el personal no ayuda a su jefe a despertar, entonces, ¿quién lo hará?

Cuentan que un rey, ante la sorpresa de todos, despidió a un oficial de altísima jerarquía en su reino sin que hubiese razón obvia alguna. La reina, intrigada, le preguntó: «¿Por qué has despedido a nuestro oficial, que fue tan leal, que nunca te criticó ni cuestionó ninguna orden tuya en diez años?». El rey le respondió: «Lo despedí justamente por eso, mi querida reina»[8].

Ayudemos a despertar a nuestro jefe, colegas y familia. No sólo mejoraremos nuestras relaciones con ellos; también los haremos crecer como personas.

---

[8] CHAN, Luke: *101 Lessons of Tao.* Ohio. Benefactor Press, 1995.

*La gente que combate el fuego con fuego, habitualmente sólo consigue cenizas.*

Abigail Van Buren

# Desactivando los «botones» de la mente

*Cuando nos curan con alcohol una herida abierta, explotamos de dolor en forma inmediata. De la misma manera, en el trabajo, algunos estímulos presionan ciertos botones de nuestra mente hasta hacernos explotar de ira y destruir la confianza y la comunicación.*

Cuando fui gerente de una empresa que pasaba por una época difícil en términos de volumen de ventas, encontré un gran vendedor. Pedí al gerente de ventas que lo entrevistase y lo contratase. A la semana, el gerente de ventas me comentó: «Entrevisté al vendedor, pero el gerente de recursos humanos lo descartó». Decepcionado, vi fallar mi estrategia. Esa tarde me encontré con los gerentes de ventas y de recursos humanos en la cafetería. Le pregunté al de recursos humanos: «¿Qué tal la entrevista con el vendedor? ¿Por qué lo descartaste?». Él me respondió: «No lo entrevisté...». Lo interrumpí y no pudo decir nada más. Convertido en un monstruo, grité al gerente de ventas: «Me mentiste, dijiste que lo había entrevistado». Él me respondió: «Nunca miento; lo que pasa es...». No terminó de hablar. Rabioso, seguí reprochándole: «¿Cómo es posible que no seas capaz de decirme que no te gusta la persona y culpes a otros?». El gerente de recursos humanos observaba impresionado mi reacción. Cuando me vio calmado, me dijo: «David, no entrevisté al vendedor, pero sí verifiqué sus referencias y no es recomendable». En ese momento quería desaparecer: había armado un lío tremendo sin razón y, lo que es peor aún, maltraté al gerente de ventas gratuitamente.

Cuántas veces reaccionamos desproporcionadamente, como en la historia anterior, y no dejamos a las personas terminar de explicar su punto de vista. Según Weeks[9], el ser humano tiene «botones» críticos que, al ser presionados, generan conductas explosivas que destruyen la comunicación. Cuando nos ocurre, es como si un monstruo tomase el control de nuestra mente y de nuestro cuerpo. Una vez que pasa, tomamos conciencia de lo que hicimos y nos arrepentimos, sin entender por qué ocurrió.

---

[9] WEEKS, Dudley: *The Eight Essential Steps to Conflict Resolution*. New York. Penguin Putnam Inc., 1994.

Hay dos causas importantes que originan esta reacción:

—Haber tenido una niñez traumática: si nuestros padres «explotaban» frecuentemente, es probable que nosotros hayamos aprendido a hacer lo mismo. Y si recibimos poco amor, cariño y respeto de nuestros padres, nos generaron frustraciones subconscientes que favorecen conductas explosivas. Ante situaciones que nos evoquen momentos difíciles de la niñez, es probable que reaccionemos en forma explosiva.

—El estrés en el trabajo: a medida que tenemos más problemas en el trabajo, las frustraciones, tensiones y miedos se acumulan hasta que cualquier situación «aprieta un botón» y «explotamos» violentamente.

¿Qué hacer? Tomemos conciencia. ¿Cuáles son los «botones» que disparan conductas agresivas en nosotros? En mi ejemplo, el «botón» fue la posible mentira.

En su libro *La inteligencia emocional,* Goleman presenta un estudio que determina que los principales activadores de la ira son las situaciones en las que nos sentimos en peligro físico, pero sobre todo cuando las afectadas pueden ser nuestra autoestima y nuestra dignidad[10]. Si tenemos una sólida autoestima, aun en las circunstancias más difíciles de la vida, nos sentiremos más seguros y seremos menos propensos a explotar.

---

[10] GOLEMAN, Daniel: *Emotional Intelligence.* New York. Bantam Books, 1995.

Un antídoto para desactivar los «botones» es pensar más en los demás. No permanecer a la defensiva, tener una actitud de servicio para comprender y aceptar a las personas. Si, en mi ejemplo, yo hubiera adoptado una actitud de servir, no hubiese reaccionado de esa forma; pero sólo me preocupaba cuidar mi ego: ¿cómo era posible que a mí me mintieran? Nuestro ego es como un guardián permanente que vigila el mundo para ver si los estímulos externos lo favorecen o maltratan. Apenas ve la más mínima posibilidad de salir maltratado, corre y presiona los botones mentales y nos hace explotar. Pero nosotros no somos nuestro ego. Tener una actitud de servicio implica darle descanso a ese guardián, orientarse hacia los demás y así mejorar nuestras relaciones interpersonales.

Otro antídoto es la respiración. Cuando presionen nuestros «botones», respiremos profundamente. La respiración cambia la fisiología de nuestro cuerpo y nos relaja, corta los cables mentales que unen los «botones» con nuestro cuerpo. Cuando se enfrente a una situación difícil, recuerde este consejo y respire profundamente. Verá cómo lo que parecía un incendio masivo descontrolado es realmente una pequeña chispa.

Hace poco recibí la siguiente historia por internet. Una pareja había salido de casa dejando solos a sus hijos pequeños y al perro. Estaban preocupados, pero era una emergencia y no tenían con quién dejarlos. Cuando regresaron y llamaron a los niños, éstos no contestaron. Se dirigieron hacia la habitación de sus hijos y vieron salir de ésta al perro con la boca llena de sangre. El padre, lleno de ira, persiguió al perro y lo mató. Luego entró en el cuarto de los niños y encontró a una serpiente muerta y a los niños a salvo. El perro héroe había salvado a los niños de morir.

Desactivemos los «botones» que nos hacen explotar. Entendamos que nuestras mentes interpretan una percepción de la realidad y no la realidad absoluta. Respiremos profundamente y tomémonos el tiempo necesario para analizar la situación con calma y elegir nuestras acciones.

*Aquellas personas que son buenas dando excusas, probablemente son buenas sólo en este aspecto.*

Benjamin Franklin

# La cultura de la excusa

*Cuando la cultura de las excusas se asienta en las empresas, es como si le sacasen las llantas a un automóvil. Dentro del auto uno siente que el motor está encendido, que puede acelerar, pero no se llega a ningún lado.*

Cuentan que un anciano ya no podía salir de cacería para alimentar a su familia, razón por la cual le pide a su hijo que se encargue de ello. El hijo sale a cazar y regresa rápidamente con un conejo para la cena. Al día siguiente regresa sin haber cazado nada y se excusa diciendo que no hay animales. Al día siguiente tampoco trae nada y se excusa nuevamente. Intrigado, el anciano sale a verificar cómo caza su hijo, y lo encuentra sentado junto a un árbol. El anciano le pregunta qué hace allí. El hijo le responde: «Silencio, estoy esperando que los conejos se estrellen contra el árbol. ¿Te acuerdas del primer conejo que traje a casa? Bueno, ése lo recogí cuando se estrelló contra el árbol. Sé paciente, padre, seguro que más tarde otro se estrellará contra el árbol»[11].

Cuántas veces, como en esta historia, nos quedamos esperando que los éxitos en la vida nos vengan por pura suerte o damos excusas para encubrir nuestra falta de responsabilidad y perseverancia.

«No tengo tiempo», «no tengo recursos», «no me dejan trabajar», «no me siento bien», «es culpa de otro departamento», «es el sistema, que no funciona». ¿Reconoce estas excusas? La excusa es la distancia más corta entre la responsabilidad y la irresponsabilidad. Cuando damos una excusa no nos hacemos responsables y dejamos de perseverar. Presuponemos que una circunstancia externa a nosotros es más poderosa y domina nuestro destino.

Si es tan negativo para nosotros, ¿por qué lo hacemos? A los que tienen baja autoestima les cuesta mucho admitir sus equivocaciones, pues ello confirmaría que no son competentes. Culpar a otros de sus problemas aleja la sensación de inferioridad generada por el incumplimiento de sus responsabilidades. Aparentemente, las excusas son muy útiles: reducen el trabajo y no cuestan nada. Lo único que se necesita es un poco de creatividad para que parezcan ver-

---

[11] Íbid.

daderas. Pero las excusas tienen el costo escondido de mermar nuestra responsabilidad, encubriendo nuestra dejadez y generando un clima de desconfianza e hipocresía en la organización.

Según Williamson[12], los padres normalmente celebran con amor y alegría los logros y aciertos de los niños. Pero otros también critican, humillan o no dan muestras de afecto cuando los niños fallan. Esto condiciona al niño a querer hacer todo perfectamente para recibir siempre el cariño. Cuando somos adultos, tenemos el mismo problema: creemos subconscientemente que si nos equivocamos, nos retirarán el cariño. Por eso las excusas nos permiten engañarnos a nosotros mismos y creer que no somos nosotros los equivocados, pues de esa forma evitamos el dolor.

Las empresas también contribuyen a fomentar la cultura de la excusa cuando penalizan los errores de su personal. Si maltratamos o despedimos a nuestro personal cuando falla al emprender algo, damos un mensaje muy claro: «Mejor no emprenda y, si lo hace, tenga una excusa en caso de que no funcione». Tenemos que cambiar la valoración negativa de la palabra «error». Normalmente asociamos la palabra error con términos negativos como «malo» o «destructivo». Recuerde que un error sólo es negativo cuando no aprendemos de él. Si no hubiésemos aprendido de nuestros errores, estaríamos en la em-

---

[12] WILLIAMSON, Marianne: *On Self-Esteem*. New York. Harper Collins Publishers, 1992.

presa vestidos de traje, pero gateando. Todos hemos aprendido a caminar cayéndonos, tropezándonos, pero parece que lo hemos olvidado.

Cuentan que a Thomas Watson, presidente de IBM en sus inicios, le preguntaron si despediría al empleado que había hecho perder 600.000 dólares a la empresa. Él respondió: «¡De ninguna manera! ¡Acabo de invertir 600.000 dólares en su entrenamiento! ¿Ustedes piensan que lo voy a despedir?»[13].

Las empresas que penalizan el error también penalizan el riesgo. Hoy, si las empresas no corren riesgos, correrán automáticamente el riesgo de ser desplazadas por su competencia.

---

[13] MAXWELL, John C.: *Leadership 101 Inspirational Quotes & Insights for Leaders.* Oklahoma. Honors Books, 1994.

[ *El único lugar donde el éxito viene antes que el trabajo es en el diccionario.*

Donald Kendall,
presidente de Pepsi Co. ]

# PEQUEÑAS METAS, GRANDES LOGROS

*La mejor actitud para sobrevivir a la crisis económica es quizá la perseverancia. Pero perseverar no es fácil: implica estar dispuestos a esperar para ver la luz al final del túnel.*

Cuentan que Winston Churchill fue invitado a su colegio después de la Segunda Guerra Mundial para que contase el secreto de su éxito. El auditorio estaba totalmente lleno, y había una gran expectación ante su discurso. Al empezar, sacó una hoja y dijo: «Nunca, nunca, nunca, nunca, nunca, nunca te des por vencido». Hizo una pausa, guardó el papel y tomó asiento. Durante unos segundos, el auditorio, desconcertado, se mantuvo en silencio, pero luego vino una tremenda ovación. Churchill transmitió el verdadero secreto de su éxito: la perseverancia.

En nuestro medio la perseverancia no es una actitud muy popular. De niños nos acostumbraron a gratificaciones inmediatas: teníamos hambre y nos alimentaban al instante; hacíamos algo gracioso e inmediatamente nos daban muestras de cariño y atención. De adultos, cuando emprendemos un proyecto, los resultados ya no son inmediatos. Estamos mucho tiempo luchando contra obstáculos sin experimentar gratificaciones a corto plazo.

Al buscar gratificaciones inmediatas y no encontrarlas, empezamos a desmotivarnos, a sabotear nuestras metas o, simplemente, abandonamos los proyectos. Tomemos el ejemplo de una persona que quiere adelgazar. Se mira en el espejo, se pesa y, angustiada, se traza como meta bajar diez kilos en un mes. Pasa una semana con una dieta estricta y dolorosa. Siente que el sacrificio ha sido extremo. Se vuelve a mirar al espejo y sigue gorda. Se pesa y comprueba que sólo ha bajado medio kilo. Siente que el progreso ha sido mínimo, y duda si debe continuar esforzándose. Ese mismo día rompe la dieta y se come una caja de bombones, con lo que vuelve a su peso original. Lo que le ocurrió a esta persona es que no pudo postergar la gratificación. Según Scott Peck, autor del libro *The Road Less Travelled,* postergar la gratificación es el proceso de programar el dolor y el placer en la vida de tal forma que primero nos encarguemos del dolor para luego aumentar el placer al final[14]. En el ejemplo

[14] PECK, Scott: *The Road Less Travelled: A New Psychology of Love, Traditional Values and Spiritual Growth.* New York. Touchstone Books, 1985.

anterior, la dieta implicaba un sacrificio para obtener la gratificación de estar delgada al cabo de un mes, pero la persona que la emprendió prefirió dejarla y obtener la gratificación inmediata de los bombones.

En su libro *La inteligencia emocional,* Goleman narra un experimento llevado a cabo por la Universidad de Stanford con niños de cuatro años de edad. En este estudio se puso un pastel frente a cada uno de los niños y se les dijo que si esperaban que una persona regresara a la habitación para comérselo, se les daría un segundo pastel como premio. Hubo niños que lograron postergar la gratificación, y otros que no. A estos niños se les hizo un seguimiento en el colegio y la universidad. El resultado fue sorprendente: los niños que no se habían comido el pastel tuvieron mejor rendimiento académico, mejores notas en la prueba de entrada a las universidades y, en general, presentaban mejores habilidades sociales y emocionales[15]. Postergar la gratificación es la base de la disciplina en la vida; pero, ¿cómo podemos ayudar a formarla?

Volviendo al ejemplo de la persona que quiere adelgazar, ¿qué habría ocurrido si la meta trazada hubiese sido bajar sólo medio kilo esa semana? Hubiera tenido la gratificación de lograrlo y las fuerzas para continuar. Ése es el secreto para lograr la perseverancia: alcanzar pequeñas metas que nos lleven al objetivo final. La perseverancia requiere que con-

---

[15] GOLEMAN, ob. cit.

fiemos en nosotros mismos, que seamos capaces de salir adelante con nuestro propio esfuerzo. Trazarse pequeñas metas y lograr pequeños logros nos gratifica, refuerza nuestra autoestima y nos incentiva a seguir luchando.

En la empresa, cuando un líder de equipo traza desde el principio metas muy ambiciosas para su equipo, el personal se motiva, se siente muy importante. Pero si el líder no establece anticipadamente pequeños logros y felicita a su personal por su cumplimiento, el equipo no se cohesiona, no se compromete ni confía en su propio potencial.

Dos ranas, una pequeña y otra gorda, cayeron en un cubo de leche. Trataron de escapar trepando las paredes, pero les resultó imposible, puesto que estaban grasientas. Empezaron a patalear para sobrevivir, pero la rana gorda quería parar porque no encontraba salida. La rana pequeña, en cambio, pensaba que si iba a morir sería pataleando. Dos horas después la rana gorda decidió parar, se ahogó y se fue al fondo. La pequeña seguía pataleando sin parar, dispuesta a morir pataleando. La leche estaba tremendamente movida por el pataleo, pero la rana seguía. Cuando ya no podía más y estaba a punto de morir, sintió debajo un bulto: era un pedazo de mantequilla que se había formado con el fuerte pataleo. Se apoyó en la mantequilla y saltó hacia su libertad[16].

---

16 PARAMAHANSA YOGANANDA: *Two Frogs in Trouble*. California. Self Realization Fellowship.

Cuando afrontemos situaciones difíciles, confiemos en que al final del camino, si trabajamos con perseverancia, generaremos la mantequilla que nos ayudará a superar los obstáculos en la vida.

# [II] Visión

Si tener autoestima significa que sé dónde estoy, que me conozco y que, además, me siento valorado y competente para seguir la travesía, ahora estoy listo para visualizar dónde quiero llegar. En la vida todos tenemos un propósito especial que debemos saber reconocer.

La persona que quiere recorrer el camino del líder debe reconocer ese propósito y orientar todas sus energías a lograrlo. Cuando nuestras acciones están en consonancia con nuestra visión de futuro, toda la naturaleza trabaja para nosotros, todas las puertas se abren, como si existiera un complot divino en nuestro favor. Pero recuerde que el liderazgo no es un destino sino un viaje, y la visualización sólo nos traza la dirección.

Cuando nos convencemos de que no podemos ser felices si no alcanzamos la visualización, es el momento en que ésta deja de ser constructiva para nosotros. Recuerde que nosotros tenemos la capacidad de alcanzar una felicidad interior al margen de las circunstancias.

Cuando un pez ve un pequeño gusano flotando en el agua, se traza la meta de capturarlo. El pez nada con todas sus fuerzas para alcanzarlo y, cuando lo logra, resulta que detrás de su presa hay un anzuelo de un pescador que lo arrastra a la superficie para comérselo. No piquemos el anzuelo de los deseos y necesidades de nuestro ego.

Cuando la visualización se convierte en una meta a alcanzar para elevar nuestro ego, para demostrarnos que somos capaces y que valemos, pierde su razón de ser.

Debemos encaminar nuestras acciones hacia nuestra visión en el futuro disfrutando el camino y viviendo el presente con desapego, sirviendo a un propósito más grande que nosotros mismos.

*El futuro pertenece a aquellos que creen en la belleza de sus sueños.*

Eleanor Roosevelt

# CÓMO LOGRAR PASIÓN EN ACCIÓN

*Los líderes alcanzan su poder por diferentes medios: algunos lo obtienen porque son visionarios, otros por su creatividad y otros por su integridad. Pero todos tienen un elemento en común que les otorga la denominación de líderes: pasión por lo que hacen.*

El sueño de todo empresario es llegar a su empresa y encontrar a sus empleados comprometidos, trabajando con pasión y entusiasmo, asumiendo los proyectos como propios, sin horarios ni restricciones. Pero, ¿es posible tal paraíso?

Pruebe a conversar en su empresa con una persona poco apasionada que navega por la vida con el motor en cuarta a treinta kilómetros por hora. Pídale que le hable de sus aficiones o de lo que más le gusta hacer, y observe cómo le brillan los ojos, le cambia la cara y aflora la pasión.

Todos tenemos algo que nos apasiona, muchas veces escondido, y que generalmente no tiene nada que ver con el trabajo. Hay personas a quienes el trabajo no les despierta ninguna pasión. Cumplen, pero rara vez hacen un esfuerzo adicional. Sin embargo, si les preguntas sobre su próximo viaje, aflora toda su pasión. Se transforman y despliegan pura energía. Estas personas pueden ser verdaderos líderes cuando se trata de organizar un viaje turístico.

Pero la pasión no siempre depende de situaciones ni de elementos externos a nosotros. La llevamos dentro y depende sólo de nosotros saber acceder a ella y canalizarla hacia nuestras metas en la vida. A continuación, doy algunas sugerencias al respecto.

### *Conózcase a sí mismo*

Vivimos una vida muy acelerada. Somos seres humanos, pero en realidad nos deberíamos llamar «haceres humanos». Nos pasamos la vida apurados haciendo cosas, sin tiempo para nosotros mismos. Tenemos que conocernos, explorar nuestro pasado e identificar lo que nos apasionaba de niños. Entender nuestro presente, saber lo que realmente valoramos y por lo que estamos dispuestos a luchar con todas nuestras energías. Tomar conciencia de nuestras fortalezas y debilidades, y comprender a quiénes queremos servir o ayudar en esta vida.

### *Defina su visión*

Sobre la base de nuestro conocimiento personal, trazamos una visión que es una fotografía del futuro de lo que realmente valoramos y deseamos alcanzar en esta vida. En *La quinta disciplina,* Senge[17] menciona que la visión es como una goma en nuestras manos. Cuando levantamos una mano, la otra tiende a subir por la tensión que se produce. La mano que levantamos representa nuestra visión, y la otra nos representa a nosotros mismos. Si la visión es una fotografía poco estimulante y muy fácil de alcanzar, entonces una mano subirá poco y no se producirá tensión para que la otra suba. Si trazamos una visión demasiado ambiciosa, entonces estiraremos tanto la goma que se romperá y tampoco habrá tensión para subir. La visión debe ser una imagen del futuro estimulante pero alcanzable. Piense qué haría si le quedara poco tiempo de vida. ¿A qué dedicaría su tiempo? ¿Qué le gustaría lograr? Piense qué le gustaría que esté escrito en su epitafio. Piense cómo le gustaría que lo recordaran las personas a quien usted más quiere y quienes más lo quieren. Imagínese que tiene 85 años de edad y está sentado cómodamente en un lugar de su casa recordando sus mayores logros en esta vida. ¿Qué ve?[18].

---

[17] SENGE, Peter: *The Fifth Discipline: The Art and Practice of the Learning Organization.* New York. Bantam Doubleday Dell Publishing Group, 1990.

[18] Adaptado del libro *Primero lo primero,* de Stephen COVEY, Roger MERRIL y Rebecca MERRILL.

*Trate de conjugar la visión de la empresa con su propia visión*

Una vez que sepa lo que quiere y le apasiona, examine la visión de su empresa. Busque puntos de unión entre las dos, los valores y objetivos comunes. Si donde trabaja no puede cumplir su visión, investigue las de otras áreas. Si eso no da resultado, sea creativo y proponga a la empresa nuevos productos o servicios que usted podría impulsar, más en consonancia con su visión. Si nada da resultado, no se quede parado: busque otra empresa u otras posibilidades donde usted pueda realizar apasionadamente sus sueños. Recuerde las palabras de Harvey Mackay: «Encuentre algo que le fascine hacer y ya no tendrá que trabajar ni un solo día más en su vida».

Una empresa es como una embarcación en la que el personal hace las veces de motores. Hay algunos que funcionan bajo el agua e impulsan la nave. Otros generan energía y tienen todo el potencial pero, al no estar sumergidos, simplemente caldean el ambiente. Apoyemos a nuestro personal para que recupere su pasión y ayudémoslo a encontrar un lugar en la organización donde pueda lograr sus sueños. Necesitamos hacer funcionar todos los motores en el agua para lograr adelantar a la competencia.

*No tengas deseos de hacer las cosas rápidamente.*
*No mires las pequeñas ventajas.*
*El deseo de hacer las cosas rápidas, impide que se hagan meticulosamente.*
*Mirar las pequeñas ventajas, impide que los grandes acontecimientos se logren.*

Confucio

# PACIENCIA Y PERSEVERANCIA CON EL AGUA CALIENTE

*Vivimos en un mundo global en el que las cosas cambian a gran velocidad y donde cada vez más se esperan resultados inmediatos. Sin embargo, la estructura básica del ser humano no ha cambiado. La paciencia aún es necesaria para el logro de resultados en la vida y el trabajo.*

En la antigua Asia una mujer buscó a un sabio con el fin de que le hiciese una pócima para reconquistar al marido. Éste había regresado de la guerra después de meses y no quería saber nada de ella.

El sabio le pidió que consiguiese un pelo de tigre salvaje. La mujer, decidida a recuperar al marido, se dirigió al campo y descubrió un tigre. Diariamente le llevaba un trozo de carne. Al principio el tigre no permitía que la mujer se le acercase, pero ella fue aproximándosele poco a poco. Un tiempo después la mujer pudo darle la carne y quedarse junto a él, hasta que un día, cuando el animal estaba durmiendo, le quitó el pelo que necesitaba y volvió a consultar al sabio.

La mujer le pidió la pócima, pero el sabio le respondió sonriendo:

—Mujer, ya no la necesitas. Si has logrado conquistar con amor y paciencia a un tigre feroz, igualmente podrás reconquistar a tu marido[19].

Hoy en día la paciencia es una cualidad olvidada.

Los cambios y la tecnología nos acostumbran a esperar resultados inmediatos.

Los juegos electrónicos nos condicionan a responder de la misma forma.

El control remoto del televisor y la variedad de canales nos dan la posibilidad de escoger y cambiar rápidamente.

Internet nos da acceso instantáneo a la información que queremos.

---

[19] FOREST, Heather: *Wisdom Tales from Around the World.* Arkansas. August House Publishers, Inc. 1996.

La competencia y la globalización permiten que el servicio mejore en cualquier negocio, acostumbrándonos a esperar resultados inmediatos.

Pero no todo es inmediato en la vida: hay actividades que requieren mucha paciencia.

En el campo, por más que quieras resultados, tienes que esperar pacientemente que llegue el momento de cosechar.

En lo personal, necesitamos paciencia y perseverancia para los estudios, para modificar una costumbre, para aprender una nueva habilidad o para lograr nuestra visión y metas importantes.

En el nivel organizativo, necesitamos paciencia para entender las demoras naturales de los sistemas empresariales.

En *La quinta disciplina,* Senge[20] menciona un ejemplo: en las tuberías antiguas, cuando uno abre la llave de agua caliente, el agua sale fría por un tiempo y, luego, caliente. Si uno se quiere bañar, debe tener paciencia y esperar a que salga caliente. De lo contrario, abrimos tanto la llave que, cuando sale, nos quemamos. En la teoría de sistemas esto se llama «demoras». En el mundo empresarial existen muchas «demoras»: cuando empezamos un proceso de cambio y reestructuración; cuando contratamos nuevo personal; cuando implementamos un proceso de calidad o estrategias competitivas.

---

[20] SENGE, ob. cit.

Los beneficios tardan algún tiempo en materializarse. Hay que tener paciencia para esperar las «demoras» en los resultados o, de lo contrario, nos podemos quemar como con el agua caliente.

Kushner y Augustine en su libro *Successful Presentation for Dummies* explican que la semilla de bambú es como una nuez de cáscara muy dura. Cuando uno la planta, el primer año no pasa nada. La sigue abonando y regando el segundo año, y no pasa nada. El tercero y el cuarto, tampoco. Pero cuando llega el quinto año, el bambú crece treinta metros en seis semanas.

Tenga paciencia con los ciclos naturales de la vida y el trabajo; persevere fertilizando y regando para que, cuando llegue el tiempo, el resultado nos sorprenda.

> *No hay nada malo en tener posesiones materiales; el problema surge cuando los bienes materiales nos poseen a nosotros.*
>
> Paramahansa Yogananda

## POR UN PUÑADO DE GARBANZOS

*Las metas que nos trazamos nos ofrecen posibilidades de superación; el problema surge cuando perdemos la perspectiva de su importancia.*

Cuentan que en la India los cazadores esconden botellas con garbanzos en la selva para atrapar monos. Los monos meten su mano en la botella para sacar los garbanzos, pero, al estar la mano llena y querer sacarla, no sale por la boca de la botella. Los monos pierden agilidad y velocidad para huir. Pueden soltar los garbanzos y sacar la mano de la botella para salvarse, pero no lo hacen. El mono, ensimismado con el deseo y la ambición de obtener los garbanzos, no ve que, en poco tiempo, será el menú del cazador.

¿Cuántas veces en el mundo empresarial somos como esos monos de la India? Tratamos de lograr nuestras metas a toda costa, aunque en el camino sacrifiquemos a nuestra familia, a nuestra pareja y, sobre todo, nuestra salud. Lo peor es que basamos nuestra felicidad o miseria en el logro de los objetivos. Tener metas es importante; el problema surge cuando las metas nos tienen a nosotros, es decir, cuando estamos apegados a los resultados.

Anthony De Mello define este «apego» como la creencia de que nuestra felicidad depende de personas o aspectos externos a nosotros[21]. Cuando estamos «apegados» tenemos muchas emociones negativas y miedo de no conseguir los resultados porque, subconscientemente, consideramos que nuestra felicidad depende de ellos. Por ejemplo, cuando queremos ganar una licitación crucial para la empresa; cuando preparamos un informe para la dirección; cuando programamos una reunión o un encuentro y queremos que salga perfecto.

No está mal buscar la excelencia en lo que hacemos; el problema surge cuando creemos que el logro de la meta que buscamos define nuestra paz y tranquilidad. «Desapego» no significa desinterés, sino conciencia de que valemos por lo que ya somos y no por el éxito en alcanzar una meta. Cuando estamos «apegados» y no logramos los objetivos, nos

---

[21] DE MELLO, Anthony: *Awareness: A De Mello Spirituality Conference in His Own Words.* New York. Bantam Doubleday Dell Publishing Group, 1992.

molestamos, nos da rabia, sufrimos y hasta maltratamos a nuestro personal, buscando culpables de los fracasos. Como consecuencia, generamos estrés y éste deteriora la salud de nuestro cuerpo. La pregunta es: ¿vale la pena?

Imagínense a un buzo que baja con tanques de oxígeno al fondo del mar. Se golpea, pierde la memoria y cae soltando la boquilla de oxígeno. Al poco tiempo se despierta y se da cuenta de que debe llegar a la superficie. Trata desesperadamente de subir, pero le falta aire. Sufre, le da miedo no llegar a su meta para salvarse. Sobre su espalda tiene todo el aire que necesita para estar tranquilo. El problema es que no se da cuenta.

Cuando nos trazamos una visión en la empresa, muchas veces somos como este buzo: nos desesperamos por llegar a la meta y nos ahogamos. La visión sólo debe mostrarnos la dirección de un camino que tenemos que recorrer con «desapego». El camino de la visión presenta muchos obstáculos, razón por la cual debemos tomar una posición de observador que nos permita ampliar nuestra perspectiva.

Cuentan que, en una ocasión, cuando estaba cumpliendo su misión de divulgar sus enseñanzas al mundo, Buda fue insultado groseramente por unas personas. Buda los miró y siguió caminando como si nada pasara. Un discípulo se le acercó y le dijo: «Maestro, esto no puede quedar así. ¡Esas personas lo han insultado! No voy a permitir que insulten a mi maestro. ¡Les daré su merecido!». Buda le contestó: «Discípulo, cuando alguien te da un regalo y no lo aceptas, ¿de quién es el regalo? Yo veo que tú lo has aceptado y ahora lo quieres devolver».

De la misma forma, en el camino habrá muchos «regalos» o, mejor dicho, obstáculos. Solo usted decide si los acepta, comprometiendo su salud, bienestar y tranquilidad, o toma una actitud de «desapego» que le permita mantener el «equilibrio» en la vida.

# [III] Creatividad

En el camino hacia la visión existirán muchas dificultades y obstáculos. Para superarlos se requiere creatividad.

Cuando uno maneja un vehículo de doble tracción por un cerro de arena y no ve huellas alrededor, siente un cosquilleo en el estómago. Uno siente que es el primero que toma esta nueva ruta, y no sabe si lo llevará a la cima o al abismo. Uno corre el riesgo de seguir adelante, pero con cautela, pues después de la cima del cerro puede haber un precipicio. En el mundo empresarial no podemos caminar sobre las huellas de los competidores; tenemos que correr riesgos calculados y encontrar nuevos caminos que nos permitan alcanzar la cima antes que la competencia. Para salirse de las huellas que todos recorren se requiere la capacidad de ser flexibles y romper esquemas, hábitos y costumbres.

Nuestros hábitos son como un mayordomo que está en nuestra mente y se encarga de hacer una serie de labores previamente aprendidas. Por ejemplo, cuando nos dirigimos en el coche de la casa a la oficina vamos pensando en nuestros proyectos, y nuestro mayordomo mental nos lleva a la oficina conduciendo. El problema surge cuando el mayordomo ocupa el 100% de nuestra vida, porque, cuando ello ocurre, nos volvemos esquemáticos y rutinarios. Es muy fácil que esto suceda, puesto que resulta muy cómodo dejar que el mayordomo de los hábitos dirija nuestra vida.

Si queremos avanzar en el camino del líder tenemos que estar dispuestos a romper nuestros hábitos y estar abiertos a nuevas posibilidades que nos permitan alcanzar nuestra visión.

> *Descubrir significa mirar lo mismo que observan otras personas pero ver algo diferente.*
>
> Albert Szent-Gyorgi

# Creatividad: el primer paso del liderazgo

*Nuestros hábitos nos condicionan a seguir repitiendo de forma permanente las mismas conductas, aunque las condiciones en las cuales se establecieron hayan cambiado.*

A las pulgas saltarinas se las entrena colocándolas en una caja de vidrio. Cuando saltan se estrellan contra la tapa de la caja, pero poco a poco van regulando su salto hasta que aprenden a hacerlo a una altura donde ni siquiera la tocan. Al quitar la tapa, como las pulgas ya están entrenadas, siguen saltando a esa misma altura, aunque esta vez ya no tengan un límite real.

En la India, a los elefantes se los amarra desde pequeños a un árbol con una cadena para que no puedan escapar. Tratan de hacerlo, pero la cadena y el árbol son más fuertes que ellos. Cuando crecen y adquieren la fuerza de los adultos, basta con amarrarlos a un pequeño arbusto para que no se escapen. Con la fuerza que tiene, el elefante podría arrancar el arbusto de raíz, pero no lo hace porque tiene grabado el esquema de que es imposible escapar. Lo mismo nos ocurre a los seres humanos una vez que aprendemos un esquema. Por ejemplo, la forma en que hacemos nuestro trabajo o conducimos nuestra vida. Nos es muy difícil cambiar, aunque las condiciones del mundo, el mercado y la competencia cambien.

Según Kouzes y Posner, el primer paso para ser un líder es romper lo establecido, cambiar e innovar la forma en que hacemos las cosas[22]. La historia es testigo de cómo los verdaderos líderes rompieron esquemas. Gandhi consiguió la independencia de la India rompiendo el esquema de la lucha con armas y la violencia: usó la paz como arma y cambió la forma de hacer revoluciones. Miguel Grau rompió el esquema de que al enemigo hay que maltratarlo y aniquilarlo: rescató del mar a los chilenos caídos en la guerra, y, de alguna manera, la dignificó. La Madre Teresa de Calcuta rompió lo establecido al atender y ayudar a personas de pobreza extrema en la India.

Pero romper lo establecido no es fácil; no sólo por los hábitos, sino también por nuestra percepción.

---

[22] KOUZES, James M. y Z. POSNER, Barry: *The Leadership Challenge: How to Keep Getting Extraordinary Things Done in Organizations.* San Francisco. Jossey Bass Publishers, 1995.

La percepción humana barre el mundo y trata de ubicar lo que ve en esquemas previamente conocidos. Imagínese, por ejemplo, que está en una cola esperando su turno y pasa un tipo muy bien vestido con un traje oscuro y gafas de sol y lo empuja por atrás. Usted se cae y, al darse la vuelta, lo ve. Furioso, se enfrenta a él y lo empuja, pero, con el movimiento, a esa persona se le caen las gafas y usted se da cuenta que es ciega. Nuestra percepción interpretó la situación como si se tratase de una persona elegante, prepotente y abusiva. Nos hizo pensar y sentir sobre la base de este esquema. La realidad era diferente. La percepción nos ancla a esquemas conocidos en la mente y nos impide ser flexibles para crear.

Una vez que aprendemos las características de un esquema y lo grabamos en la mente, nos es muy difícil escapar de él. Han quedado grabadas en la historia frases célebres de grandes personajes que en su momento no tuvieron la flexibilidad necesaria para escapar de sus esquemas. Por ejemplo, en 1927 Harry M. Warner, de Warner Brothers, preguntaba: «¿Quién diablos quiere escuchar a un actor hablar?», cuando las películas mudas pasaban a ser películas habladas. O. Keneth Olsen, presidente y fundador de la empresa Digital Equipment Coorporation, en 1977, dijo: «No hay razón para que la gente tenga un ordenador en casa».

Cuenta Anthony de Mello que un hombre se sentó en el autobús al lado de una persona con apariencia desarreglada. Al ver que le faltaba un zapato, le dijo: «Disculpe, ¿se le ha perdido un zapato?». La persona respondió: «No, me he encontrado uno». Para ser innovadores tenemos que luchar contra nuestra percepción, que nos obliga a mantenernos en lo ya conocido.

En su libro *Thinkertoys,* Michael Michalko cuenta cómo hacía el inventor Thomas Edison para contratar personal. Su método consistía en invitarles a una sopa; si le echaban sal sin probarla primero, no los contrataba, porque no quería personas que no estuviesen dispuestas a romper sus esquemas, a cuestionar sus propios hábitos[23].

¿Qué hacer para empezar a romper esquemas? Empiece a cuestionar sus propios hábitos. Cambie de ruta por las mañanas cuando conduce desde su casa a la oficina. Cambie su rutina en el trabajo. Empiece por hacer lo que normalmente hace al final. Cuestione sus funciones: ¿realmente tienen valor, o debería estar haciendo algo diferente? Cuestione sus productos y servicios: ¿cómo podrían mejorar? Cambie su rutina de almuerzo, pruebe nuevas comidas, experimente nuevas actividades y pasatiempos. Forme el hábito de cambiar hábitos. Sólo de esta manera se acostumbrará a romper lo establecido y no tendrá barreras para crear. Recuerde que si usted no crea el cambio, el cambio terminará creándolo a usted.

[23] MICHALKO, Michael: *Thinkertoys: A Handbook of Business Creativity for the 90's.* California. Ten Speed Press, 1991.

*Los hombres nacen suaves y flexibles.*
*En la muerte son rígidos y duros.*
*Las plantas nacen tiernas y dóciles.*
*En la muerte son secas y quebradizas.*
*Entonces, cualquiera que sea rígido e*
*inflexible es un discípulo de la muerte.*
*Cualquiera que sea suave, abierto y flexible,*
*es un discípulo de la vida.*

Lao Tzu

# Cambiar o morir

*Vivimos en una época competitiva y cambiante en la que, para no perecer, las personas y empresas deben ser flexibles. Pero llegar a ser flexible y abierto al cambio no es fácil: implica modificar hábitos arraigados en las conductas personales y organizativas.*

Los hábitos son como un resorte: si uno quiere cambiarlos, tiene que estirarlos ampliamente durante un tiempo prolongado. De lo contrario, vuelven a su posición. Por ello, muchos esfuerzos de cambio empresarial no dan resultados. Si el «resorte» no se estira con el suficiente compromiso y durante el tiempo necesario, las cosas vuelven a la normalidad.

En primer lugar, se debe desarrollar en las personas una actitud para correr riesgos y romper esquemas, empezando por los directivos más altos en la organización. No podemos pedir a un ejecutivo que corra riesgos o que sea innovador cuando su jefe siempre va «a lo seguro»[24] y se rige por la forma tradicional de hacer las cosas.

*Cómo incentivar el correr riesgos*

En el comportamiento de las personas se pueden distinguir dos zonas: una de seguridad y una de riesgo. Normalmente las personas actúan desde su zona de seguridad, según hábitos o conductas aprendidas que les ofrecen total seguridad. Esta zona no promueve la innovación o el cambio.

Para que las personas aprendan a cruzar las fronteras de la zona de seguridad es necesario que se expongan a situaciones que los hagan actuar en la zona de riesgo, para valorar y perder el miedo a la ambigüedad y a los territorios desconocidos. Una forma de ayudar a los ejecutivos a salir de su zona de seguridad son los ejercicios de cuerdas altas. En la UPC llevamos a los ejecutivos a una instalación de

---

[24] Ver personalidades que frenan la creatividad en FISCHMAN, David: «Creatividad empresarial: el caso peruano», en revista *Anda,* julio de 1997.

cuerdas ubicadas a doce metros de altura, en las afueras de la ciudad. En ellas los hacemos trabajar en equipo. El resultado de la experiencia es sorprendente: el hecho de que se enfrenten a sus miedos y salgan a su zona de riesgo genera un cambio de actitud en los participantes. Después de caminar a doce metros de altura sobre cables de acero, se sienten capaces de hacer cualquier cosa en la oficina.

*Cómo romper esquemas*

Cuando en una carretera vemos un objeto distante que no distinguimos bien, nos concentramos y tratamos de encajarlo en algún esquema mental conocido: es un cartel, una grúa, etcétera. A medida que nos acercamos, en algún momento, finalmente, lo encajamos y termina el proceso. Así funciona la percepción humana: nos permite ver el mundo desconocido y asociarlo a esquemas conocidos por nuestra mente. Para romper esquemas, el proceso es inverso. Tenemos que aprender a pasar de algo conocido a un esquema novedoso. Por eso es difícil. Se trata de una habilidad opuesta a nuestra percepción. Para desarrollarla tenemos que aprender a utilizar lo que De Bono llama «pensamiento lateral»[25]. Con el pensamiento lateral flexibilizamos los esquemas y encontramos nuevas relaciones. Destruimos para construir algo nuevo.

---

[25] DE BONO, Edward: *El pensamiento creativo. El poder del pensamiento lateral para la creación de nuevas ideas.* Barcelona: Ediciones Paidós 1994.

Una técnica muy fácil que ayuda a romper esquemas es la de reversión de supuestos. Haga una lista de los supuestos o características del producto o servicio que quiere innovar. Luego inviértala y registre las ideas que se le vienen a la mente. Por ejemplo, en la industria de la educación las cosas están cambiando y la explicación está en la inversión de los supuestos. Al darle la vuelta a los supuestos de la educación tradicional, se obtiene un nuevo concepto que está adquiriendo fuerza.

| SUPUESTOS DE LA EDUCACIÓN TRADICIONAL | INVERSIÓN DE SUPUESTOS |
|---|---|
| 1. El alumno va a la universidad | 1. La universidad va al alumno |
| 2. La universidad decide el horario de estudios | 2. El alumno decide su horario de estudios |
| 3. La educación se da en un aula | 3. La educación se da donde quiera el alumno |
| 4. El alumno escucha la clase una vez | 4. El alumno repite la clase las veces que quiera |

Si tuviéramos que buscar un ejemplo de la actitud que debemos tomar, podríamos decir que debemos ser como la langosta[26]. La langosta nace en un pequeño caparazón que le sirve para sus primeros meses de vida, pero luego tiene que correr el riesgo de salir de allí para adquirir un caparazón nuevo

[26] Historia tomada de la base de datos IdeaBank en internet.

que le permita seguir desarrollándose. Durante dos días se queda sin caparazón, vulnerable al ataque de otras especies o de las corrientes que la pueden aplastar contra las rocas. Nosotros también debemos aprender a correr el riesgo de cambiar nuestro «caparazón» o esquemas, que muchas veces nos limitan y nos hacen perder oportunidades de crecimiento personal y empresarial.

El mundo competitivo de hoy exige personas flexibles, que corran riesgos y que rompan esquemas. Estas personas serán las creadoras del caos en la industria, en vez de los «segundones» que reaccionan con desventaja ante el caos creado por sus competidores.

*Nosotros no vemos las cosas como son;*
*vemos las cosas como somos nosotros.*

Anaïs Nin

# ROMPIENDO LOS CANDADOS DE LA MENTE

*Nuestras creencias y experiencias pasadas nos permiten interpretar el mundo y tomar decisiones. Sin embargo, también nos anclan y nos impiden cuestionar.*

En una conferencia espiritual en Nueva York, un maestro anunció a los asistentes que les presentaría a un verdadero gurú: «Este gurú estuvo cincuenta años en una cueva en el Himalaya, en silencio, y ha alcanzado la iluminación. Hoy romperá por primera vez el silencio». El público, interesado, vio con regocijo y mucha atención al gurú, que vestía una túnica anaranjada; él permaneció en silencio quince minutos. Cuando finalmente habló, dijo veinte palabras y calló. Luego, el maestro informó que el gurú daría una conferencia a un costo de 1.500 dólares, y sólo para las primeras treinta personas en inscribirse. Al ver la avalancha de gente peleando por una plaza, el maestro pidió regresar al auditorio y les confesó que el «gurú iluminado» que habían visto era un mendigo recogido de las calles. Le había ofrecido tan solo veinte dólares por ponerse la túnica y por decirles unas palabras. La mente de los asistentes lo convirtió en un verdadero gurú.

Esta historia real evidencia la existencia de «lentes mentales». Nosotros no vemos la realidad como es, sino como creemos que es. Las «lentes» están compuestas de memorias, experiencias y creencias. Nuestro pasado determina cómo percibimos el presente. En esta historia, el hecho de que el mendigo tuviera barba, túnica y hablara muy poco evocó la memoria y creencias de los participantes sobre gurús reales. Así, su mente no cuestionó las palabras sin sentido del mendigo.

Nuestra mente tiene un sistema de «casilleros de vidrio con candado». Cuando aprendemos o vivimos algo, almacenamos en estos casilleros nuestras experiencias, hechos, creencias y actitudes. Luego, la mente les pone candado para que no cambien. Cuando percibimos un estímulo, nuestra mente tiene acceso a los casilleros, ve lo almacenado y actúa en función de sus contenidos.

Este mecanismo mental trae problemas en el mundo empresarial. Cuando juzgamos apresuradamente al compañero de trabajo como poco creativo porque alguna vez dio una mala idea, cuando una persona es ubicada en el casillero de los «ineficientes» y se duda siempre de su capacidad de trabajo, cuando una persona comete un error y es colocada por su equipo en el casillero reservado para los «faltos de criterio», en todas estas situaciones, se ponen en juego prejuicios que dificultan la comunicación, reducen el potencial de los empleados y crean un mal clima organizativo. Nadie puede juzgar o tachar a una persona sólo por lo que percibe de sus actos. Nosotros vemos a las personas por una pequeña ventana, de manera que no tenemos toda la información para formar un juicio correcto.

Cuentan que una señora pidió un plato de sopa en un restaurante y fue al baño. Cuando regresó a su mesa vio a un hombre sucio y mal vestido tomando la sopa. Ella, indignada, decidió sentarse en la mesa, coger otra cuchara y comer de la misma sopa al tiempo que miraba al individuo fijamente a los ojos. Al terminar la sopa, el camarero vino con un plato de tallarines. Ambos comieron los tallarines en silencio. La señora pensó que quizá no era un mal hombre, que tal vez tenía hambre, y que al pedir los tallarines había demostrado ser un caballero. La señora, arrepentida, se levantó para pedir el postre. Cuando regresó, el hombre no estaba; tampoco su cartera. Así que, desesperada, gritó: «¡Ladrón, agarren al ladrón!». La gente corrió para perseguir al hombre. Mientras tanto, la señora se giró y vio una mesa con un plato lleno de sopa y una cartera al costado. Sí, se había equivocado de mesa y le había robado la sopa al hombre sucio y mal vestido.

Como la señora de la historia, a cuántas personas en nuestra vida tachamos de ladrones, injustos, tontos, cuadriculados o flojos cuando realmente no lo son. A cuántas personas discriminamos y les restamos oportunidades. Seamos lo suficientemente flexibles para cuestionar y destruir los candados mentales. Sólo de esta forma tendremos la mirada limpia para aprovechar las oportunidades que nos ofrece la vida.

# [IV] Equilibrio

El mundo empresarial vive hoy una guerra permanente. A diferencia de los combates tradicionales, en los que hay bandos claramente definidos, la guerra empresarial es de todos contra todos. Cada vez aparecen más enemigos, empresas que se globalizan y penetran nuestras fronteras atacando nuestros mercados. Empresas que cruzan las fronteras electrónicamente y atacan por flancos nunca antes conocidos. En una guerra convencional se usan armamentos como aviones, tanques y camiones, pero siempre hay que pararse a echarles combustible y realizar el mantenimiento, pues de lo contrario, dejan de ser operativos. En la guerra empresarial nuestro único armamento es nuestro cuerpo. Si no nos detuviéramos para recargar nuestras energías y fuerzas, no cabría la posibilidad de seguir en la batalla.

Cuando hacemos una fogata, tenemos que alimentarla permanentemente con leños para que no se extinga. Cuando hay mucho viento, la madera se consume muy rápido, de manera que se requieren más leños para mantener el fuego. Nosotros somos como esta fogata: tenemos un fuego interno maravilloso, pero con frecuencia pasamos momentos de turbulencia y dificultad que nos consumen. Para recuperarlo y lograr nuestro equilibrio necesitamos encontrar un espacio tranquilo y acceder a la fuente inagotable de leños o energía que todos llevamos dentro.

Si cargamos sobre nuestros hombros unos baldes de agua y no estamos equilibrados, al mínimo choque con una persona le derramaremos el agua en la cabeza. Lo mismo ocurre en el trabajo cuando no estamos equilibrados: chocamos con personas y les derramamos nuestros enfados y rabias hasta empaparlas por completo. Equilibrio también significa estar en paz con uno mismo, entender y aceptar nuestras emociones.

*Toda la infelicidad de los hombres procede de una sola cosa, que consiste en que no sabemos quedarnos tranquilos en un cuarto.*

Blaise Pascal

# SALIENDO DEL OJO DEL HURACÁN

*En un mundo empresarial de constantes cambios e inestabilidad necesitamos encontrar un centro que no cambie, que amplíe nuestra perspectiva, que nos permita alcanzar nuestro equilibrio. La pregunta es: ¿existe?*

Un huracán es un fenómeno atmosférico que provoca vientos de una velocidad superior a los 180 kilómetros por hora. Crea caos y destrucción total, pero su centro —el «ojo» del huracán— es totalmente tranquilo. Hoy día vivimos en el mundo empresarial huracanes de globalización. La competencia exige avanzar más rápidamente y trabajar más horas cada día, lo que genera desgaste emocional y mental. ¿Qué hacer? Colocarnos el ojo del huracán donde todo es calmo para retomar fuerzas y seguir luchando. Pero, ¿dónde está ese paraíso?

Paramahansa Yogananda cuenta la historia del venado almizclero, que tiene en una bolsa ubicada debajo de su estómago una fragancia exquisita. Cuando el venado envejece comienza a sentir la fragancia, pero no sabe de dónde viene. Empieza a buscarla por todo el campo —en los árboles, en las piedras, en el río—, pero no la encuentra. El venado enloquece buscando la fragancia, y en su desesperación se arroja a un despeñadero tratando de encontrarla en el vacío. Los cazadores lo recogen muerto en el fondo de los precipicios.

Lo increíble es que el venado ya tenía dentro lo que buscaba fuera, pero no lo sabía.

De manera similar, nosotros buscamos la paz y la felicidad fuera, en vez de mirar a nuestro interior. Las buscamos a través del cumplimiento de metas y retos externos, o del reconocimiento y aceptación de terceras personas. Pero la búsqueda externa nos lleva a una espiral sin fin en el que queremos siempre más y más, y lo que logramos es justamente lo contrario de la paz: estrés e intranquilidad.

Un tesoro escondido en una laguna es muy difícil de encontrar si el viento mueve las aguas y las enturbia. En cambio, cuando las aguas están tranquilas se puede ver con claridad la situación del tesoro. De manera similar, tenemos que calmar los vientos de nuestros pensamientos para poder acceder a un tesoro que yace dentro de nosotros.

En Oriente lo llaman meditación; en Occidente, silenciamiento. Lo que buscan estas técnicas es simplemente lograr mantener la mente en blanco —es decir, sin pensamientos— durante algunos minutos. Cuando esto se logra nos invade una sensación de paz y felicidad que reconforta y tranquiliza, lo que permite recuperar el equilibrio. Tener la mente en blanco por unos minutos no es fácil. Haga la prueba en este momento. Deje de leer y trate de no pensar por un minuto.

Como pudo comprobar, le vinieron más pensamientos que nunca. El hábito de pensar lo tenemos desde siempre, y no es fácil cambiarlo. Para lograr el silenciamiento existen muchas técnicas, maestros y libros. Los resultados no son inmediatos, de manera que se requiere mucha perseverancia.

Existen numerosos estudios científicos que detallan los efectos de esta técnica milenaria en nuestro cuerpo. Por ejemplo, en su libro *Ageless Body, Timeless Mind,* Deepak Chopra menciona un estudio realizado por una compañía de seguros. Se observó que los clientes que practicaban silenciamiento acudían a los hospitales la mitad de veces que los que no lo practicaban; tuvieron menos enfermedades del corazón —un 80% menos respecto al otro grupo— y padecían cáncer en una proporción del 50% menos. Un estudio de la Universidad de Harvard comprobó que a 22 pacientes hipertensos a quienes les enseñaron técnicas de silenciamiento, lograron una tensión normal al cabo de cinco años[27].

---

[27] CHOPRA, Deepak: *Ageless Body, Timeless Mind: The Quantum Alternative to Growing Old.* New York. Harmony Books, 1993.

Durante el día no podemos ver las estrellas, porque el sol es tan luminoso que nos lo impide. Pero las estrellas están en el firmamento día y noche. De la misma forma, nuestros sentidos actúan como el sol: nos iluminan con tantas sensaciones y percepciones, que generan pensamientos que nos impiden ver el firmamento en nuestro interior.

Los pensamientos son los guardianes de una inmensa bóveda de alegría y tranquilidad que tenemos todos en nuestro interior. Démosles un descanso a estos guardianes cerrando nuestros sentidos. Abramos la bóveda y recarguemos nuestras energías para mejorar nuestra salud con esta inagotable fuente de paz. Salgamos unos minutos del huracán turbulento de decisiones, retos y problemas empresariales e ingresemos en el ojo tranquilo del huracán. Es probable que desde este punto de vista percibamos este huracán como un simple viento de verano y tengamos mayor capacidad para tomar decisiones acertadas.

*Que los pájaros de preocupación y tensión*
*vuelen alrededor de tu cabeza,*
*eso no lo puedes cambiar.*
*Que ellos hagan nidos en tus cabellos,*
*eso sí lo puedes impedir.*

Proverbio chino

## EL HÁBITO DE GOLPEARSE LA CABEZA CONTRA LA PARED

*Hoy en día, para competir en la carrera empresarial necesitamos que nuestros motores mentales estén funcionando a su máxima capacidad. Sin embargo, muchos caminan con motores frenados por los miedos de la preocupación.*

«¿Qué pensarían si encuentran en la calle a una persona golpeándose la cabeza contra una pared con mucha fuerza? Tiene la cabeza totalmente ensangrentada, pero lo sigue haciendo. Lo más probable es que piensen que está loco. ¿No hacemos nosotros lo mismo cuando tenemos un problema difícil de resolver?»[28].

[28] Talleres de Encuentro con Ignacio Larrañaga.

Con la preocupación no nos golpeamos la cabeza físicamente, pero sí mentalmente. A pesar de que el problema nos angustia, nos llena de miedo y nos tortura, le seguimos dando vueltas.

Es cierto que la preocupación tiene el objetivo de cuidarnos como especie. Gracias a la preocupación nos hemos salvado de ser devorados por bestias salvajes. La preocupación es una emoción que nos alerta de un posible peligro o dificultad. Cuando suena la alarma de nuestro coche corremos para ver qué sucede, y cuando constatamos que no sucede nada, la apagamos. No se nos ocurre conducir con la alarma encendida por toda la ciudad. Sin embargo, cuando suena la alarma mental de la preocupación y nos alerta sobre un problema, generalmente la dejamos encendida, lo cual desgasta nuestras baterías. Cuando vivimos preocupados, no sólo se reduce nuestra capacidad de pensamiento, sino que además dañamos nuestro cuerpo.

En un estudio hecho a 75 pacientes de cáncer, los investigadores de la Universidad de California, en Los Angeles, descubrieron que existía un vínculo directo entre el estado mental del paciente y el sistema inmunológico. Descubrieron que emociones negativas severas debilitan el sistema inmunológico[29].

Si las preocupaciones y angustias nos hacen daño, entonces, ¿por qué nos preocupamos? Quizá por-

[29] O'HARA, Valerie: *Five Weeks to Healing Stress: The Wellness Option*. California. New Harbinges Publications Inc. 1996.

que nos gusta tener la razón. Cuando nos preocupamos filtramos lo bueno y nos concentramos en lo malo. Estamos pendientes de lo que puede suceder y nuestros pensamientos son negativos. Como la mente es muy poderosa y lo que se piensa generalmente se cumple, es más frecuente que confirmemos que lo que presagiábamos era correcto; es decir, que nos pase lo malo. Este resultado va creando un hábito de preocupaciones[30]. La preocupación no permite que veamos objetivamente un problema. Cuando terminemos de preocuparnos veremos que cualquier circunstancia se puede superar con esfuerzo y persistencia.

Lo que nos agobia es muchas veces como un globo enorme donde se han dibujado monstruos horribles. Cuanto más nos preocupamos, más inflamos el globo y más nos asusta.

Una técnica que nos permite desinflar el globo, mencionada por Neale Donald Walsch en su libro *Conversaciones con Dios, Libro Guía,* consiste en preguntarse varias veces: «¿Qué pasaría si lo que me preocupa y angustia realmente ocurriera?»[31].

Por ejemplo, supongamos que me preocupa que un subordinado clave se marche de la empresa. ¿Qué pasaría si ello ocurriera? Quedaría un va-

---

[30] MC WILLIAMS, Peter: *You Can't Afford the Luxury of a Negative Thought.* California. Prelude Press, 1995.

[31] WALSCH, Neale Donald: *Conversations with God: an Uncommon Dialogue. Book 1 Guidebook.* Virginia. Hampton Roads Publishing Company Inc., 1997.

cío en esta área de la empresa. ¿Qué pasaría después? Tendríamos que trabajar todos más para poder cubrirlo mientras buscamos a alguien que lo sustituya. ¿Qué pasaría después? Quizá descendería nuestra productividad y la competencia se aprovecharía de tal situación. ¿Qué pasaría después? Estoy seguro de que nos pondríamos al día rápidamente. Como ven, el globo se fue desinflando poco a poco; es cierto que el problema subsiste, pero ya no tiene la magnitud que uno imaginaba inicialmente.

La mente es como una radio.

Usted puede sintonizar una estación de música melodiosa y relajarse, o puede dejar el dial en una frecuencia de interferencias y ruidos estridentes. Sólo de usted depende romper la preocupación y sintonizar pensamientos melodiosos que refuercen su salud y bienestar.

*Las circunstancias no hacen al hombre, lo revelan.*

James Allen

# Reacción o creación

*A cada instante el líder tiene dos alternativas: la creación o la reacción ante las circunstancias. Dos palabras con un significado tan diferente pero que se escriben con las mismas letras: únicamente se distinguen por la posición de una C.*

Un gerente trabajó muy duro con su equipo para ganar una licitación, pero su empresa quedó descalificada por la falta de un documento. El gerente, furioso, maltrató y gritó a su equipo, y humilló a la persona responsable. Al poco tiempo, el gerente descubrió que no hubo error en su equipo, sino más bien un problema en la licitación. Se arrepintió y se avergonzó.

Ante un estímulo externo (perder la licitación), el gerente se dejó llevar por sus instintos y miedos. Entró en un ciclo negativo y destructivo para él mismo y para la organización. Reaccionó apresuradamente creando un entorno de desconfianza, poco motivador.

En su libro *Conversaciones con Dios,* Neale Donald Walsch identifica dos alternativas para enfrentar situaciones: la creación o la reacción[32]; palabras que significan cosas contrarias, pero que se escriben con las mismas letras. En la reacción no existe control sobre lo que hacemos. Perdemos el poder; no somos responsables de nuestros actos y buscamos un culpable. En la creación, en cambio, somos libres de responder ante un estímulo, tenemos poder sobre nuestros actos y enfrentamos con creatividad y positividad las circunstancias.

Son muchas las veces en nuestra vida que recurrimos al hábito de la reacción. Reaccionamos negativamente cuando las cosas no salen como queremos, cuando nos dan una mala noticia, cuando no alcanzamos una meta, o hasta en una circunstancia tan cotidiana como cuando alguien se cruza con su coche mientras estamos conduciendo. La conducta de reacción nos llena de pensamientos y emociones negativas que bloquean nuestra capacidad de análisis y raciocinio y afectan a nuestra salud. Esto resulta peligroso, porque hoy más que nunca se requiere que el líder sea positivo, que esté despierto y consciente en la toma de decisiones y en la comunicación con su personal.

---

[32] WALSCH, Neale Donald: *Conversations with God: an Uncommon Dialogue. Book 1*. Virginia. Hampton Roads Publishing Company Inc., 1997.

Los pasos para conseguir una conducta de creación son:

*Adopte la posición de observador*

Al enfrentarse a un estímulo difícil, no lo tome como algo personal. Observe externamente sus sentimientos y pensamientos. Trate de ser consciente de lo que le está ocurriendo. ¿Lo que percibe es su interpretación de la realidad, o la verdad absoluta?

*Cuestione supuestos*

La realidad que percibimos pasa por nuestras creencias, prejuicios y supuestos, muchas veces equivocados y egoístas. Si una persona nos critica en público, antes de reaccionar negativamente suponiendo que nos quiere atacar, pensemos que esa persona podría tener un problema grave, o que no se dio cuenta.

*Tenga ciclos mentales positivos*

Los pensamientos negativos traen emociones negativas y generan un círculo vicioso que fomenta conductas de reacción. Tome conciencia de sus pensamientos en cada instante y manténgase en ciclos mentales positivos.

Cuentan que en un país lejano vivía un hombre que tenía un caballo muy hermoso al que quería mucho. Un día el caballo huyó. Su vecino se acercó y le dijo: «Es una pena que se escapara el caballo». El hombre respondió: «No sé si es bueno o malo». Al día siguiente su caballo regresó junto con una yegua muy apreciable. Vino el vecino y le dijo: «Qué suerte tienes». El hombre respondió: «No sé si es bueno o malo». Días más tarde su hijo se rompió la pierna al tratar de domar a la yegua. El vecino corrió a auxiliarle y le dijo: «Qué desastre lo de tu hijo». El hombre dijo: «No sé si es bueno o malo». Al poco tiempo el país entró en guerra, vino el vecino llorando y le dijo: «Mis hijos se fueron a la guerra, quizá no regresen nunca. Tienes suerte de que tu hijo siga mal de la pierna». El hombre respondió: «No sé si es bueno o malo»[33].

Cuando nos enfrentemos a circunstancias parecidas en el trabajo, tratemos de actuar como este hombre: con desapego. Las cosas no son buenas ni malas; son nuestra percepción y voluntad las que finalmente definen dónde colocamos la C, en la reacción o creación de nuestro futuro.

---

[33] FOREST, Heather: *Wisdom Tales from Around the World.* Arkansas. August House Publishers Inc., 1996.

# [V] Aprendizaje

¿Cuántas veces le ha pasado que compra un producto en el supermercado, lo almacena en su despensa y, cuando lo quiere usar, revisa su fecha de caducidad y se da cuenta de que ya expiró hace meses? Usted dirá: ¿qué tiene que ver esto con el aprendizaje? La respuesta es: más de lo que cree.

Cuando seguimos una carrera profesional, estudiamos seminarios, cursos o un máster, los conocimientos adquiridos también tienen fecha de caducidad. Si aprendemos algo, lo guardamos en nuestra despensa de conocimientos y no lo aplicamos rápidamente, es probable que cuando lo queramos usar ya esté obsoleto. Hoy día no sólo la velocidad de la creación de conocimiento se ha multiplicado; también se han multiplicado los medios donde se puede conseguir el conocimiento. Recuerde cómo eran las cosas hace sólo diez años. ¿Cuántos libros nuevos aparecían sobre un tema? ¿Se usaba internet? ¿Cuántos canales de televisión había? ¿Con qué velocidad aparecían nuevos conceptos empresariales? ¿Cuántos cursos y programas había a distancia? Verdaderamente, la realidad era otra.

Hoy día la velocidad de aparición y distribución de los conocimientos es más rápida que la velocidad con que el ser humano puede aprenderlos. Es como si siempre hubiésemos usado un embudo para pasar el líquido de las botellas del conocimiento a nuestro «bidón» de la mente. Un día las botellas se convirtieron en cilindros de conocimiento, pero nuestro embudo no creció y no pudimos captar todo. Lo más probable es que en el futuro las instituciones educativas entreguen sus diplomas con fecha de caducidad, igual que el yogurt en el supermercado.

Las entidades educativas deberán orientarse cada vez más hacia la formación de habilidades que nunca venzan, que sean independientes del tiempo. Por ejemplo, la habilidad de aprender a aprender, la habilidad de pensamiento crítico, la habilidad del trabajo en equipo, habilidades de liderazgo, entre otras. Para desarrollar estas habilidades tendrán que cambiar sus sistemas tradicionales de exposiciones teóricas por metodologías activas donde la gente aprenda haciendo.

*Lo que escucho lo olvido.*
*Lo que veo lo recuerdo.*
*Pero lo que hago, lo entiendo.*

Confucio

# EL LIDERAZGO NO SE ENSEÑA, SE APRENDE

*Hoy se sabe que el liderazgo no se puede enseñar con discursos de un profesor de tiza y pizarra.*

*Se requiere generar un entorno donde el alumno aprenda haciendo, experimentando y viviendo los conceptos.*

La mente de un alumno es como un vaso que viene a las clases medio lleno de preocupaciones, tensiones y problemas.

Si el instructor empieza a vaciarle la jarra de agua de sus conocimientos, llegará un momento en que el agua colmará el vaso de su mente.

Si el profesor continúa sin dejar que el alumno digiera o tome el agua que ha vaciado, el agua simplemente se embalsará y el alumno sólo asimilará algunos de los conocimientos en ella contenidos.

Si el profesor sigue hablando sin hacer que el alumno utilice la información, ésta no se asimilará.

La enseñanza tradicional de liderazgo es de estilo bancario. El profesor deposita la información teórica en la mente del alumno. Pero el liderazgo no se enseña así, porque es una característica que tiene distintos componentes de conocimientos, habilidades y actitudes. Sólo los conocimientos del liderazgo se pueden enseñar de una forma teórica, pero las habilidades y actitudes necesarias para la formación de líderes requieren otro tipo de metodologías.

Si su hijo quiere aprender a nadar, ¿usted lo mandaría a una academia donde le enseñen la teoría de la natación con diapositivas de los diferentes movimientos para que después lo pruebe en alta mar? Obviamente, no. La única forma de aprender una habilidad es practicándola, y eso mismo es lo que precisa el liderazgo.

El liderazgo requiere reemplazar hábitos anticuados de dirección por conductas modernas, y eso no es fácil de lograr. Un hábito es una conducta subconsciente que nos condiciona a actuar de una manera. Cuando una persona asiste a un curso, es como mover una piedra hacia la cima de una montaña inclinada.

En el curso empujamos la piedra hacia arriba.

Pero si no seguimos empujando la piedra al regresar al trabajo, aplicando lo aprendido, lo más probable es que olvidemos todo lo estudiado y no logremos cambiar el hábito.

El hábito se logra cuando hemos empujado la piedra usando los conocimientos hasta que pase al otro lado de la montaña, donde rueda por sí sola.

Se requieren tres semanas de aplicación de la nueva conducta para cambiar un hábito.

La capacitación formal es útil y colabora en la formación de líderes, pero la mejor manera de aprender liderazgo es con el ejemplo.

Así como los niños aprenden imitando el lenguaje con los acentos, entonaciones y jerga de sus padres, de la misma forma el liderazgo en la empresa se aprende de los mismos líderes. Si éstos son autoritarios, directivos y manipuladores, los subordinados aprenderán las mismas conductas. De nada sirve capacitar a los subordinados en estilos modernos de liderazgo si los gerentes lideran la empresa de la forma autoritaria tradicional.

Cuentan que un gerente siguió un curso teórico de liderazgo donde «aprendió» la importancia de ser participativo. Terminado el curso, reunió a sus subordinados y les dijo:

«¡Quiero que a partir de ahora sean participativos! ¿Me han entendido bien? ¡No quiero escuchar ninguna excusa! ¡Desde ahora, todos son jefes participativos con su personal!».

Si se quiere formar líderes en la empresa, se debe dejar la enseñanza tradicional del liderazgo y concentrarse en que las personas lo aprendan vi-

viéndolo. Además, se debe capacitar primero a los profesores naturales de la empresa, los gerentes. Con su ejemplo, ellos serán los verdaderos formadores de los futuros líderes de la organización.

*La habilidad de aprender más rápido que la competencia es quizás la única ventaja competitiva sostenible que una empresa puede tener.*

Arie de Geus

# Represando conocimientos

*¿Qué pensaría si recorre una empresa y encuentra en los basureros de las oficinas modernos equipos informáticos sin usar? Lo mismo ocurre cuando nos formamos pero descartamos los conocimientos al no aplicarlos.*

Los ríos irrigan los territorios alimentando los campos en su recorrido y dando vida a las personas. Su potencial se desperdicia cuando el agua no es almacenada y va al mar. Lo mismo ocurre con el conocimiento en las empresas. Invierten grandes recursos en formación, pero ¿cuánto conocimiento se almacena en la empresa? ¿Cuánto de lo aprendido se aplica irrigando las áreas de la empresa con ideas frescas y nuevas tecnologías? ¿Cuántos conocimientos terminan en los mares de la competencia cuando perdemos a nuestros empleados? Cuando compramos un equipo en la empresa, ¿nos aseguramos de que lo usen, de que no se pierda y sea utilizado para ganar calidad o ventajas competitivas? Si queremos lograr organizaciones «aprehendientes», tenemos que percibir el conocimiento como un activo tan importante como los equipos y crear un sistema para almacenarlo, cuidarlo y difundirlo.

Un estudio presentado por Albert Meharavian en su libro *Silent Messages* reveló que los asistentes a programas de formación empresarial retienen, de media, sólo el 10% de lo enseñado[34]. Si quiere aumentar esta retención, ponga en práctica una política para que los asistentes enseñen el curso aprendido a sus equipos de trabajo. Si tienen que enseñar los temas, prestarán más atención, tomarán mejores notas y estudiarán a fondo para aplicar y enseñar lo aprendido. Por otro lado, con esta política estamos difundiendo el conocimiento dentro de la empresa y logrando un mayor retorno de la inversión en formación.

Hoy el conocimiento en una disciplina se renueva cada dos o tres años. La destreza más importante que debe tener un ejecutivo es «aprender a aprender». Así se mantiene actualizado y ayuda a su

---

[34] PIKE, Robert: *Creative Training Techniques Handbook: Tips, Tactics, and How to's for Delivering Effective Training.* Minneapolis. Lakewood Books, 1994, p. 19 (2ª edición).

organización a ser competitiva. Pero ni en el colegio ni en la universidad potenciaron esta habilidad en nosotros. Nos acostumbraron a ser receptores pasivos del conocimiento, a recibir exposiciones teóricas, a tomar notas y a recibir evaluaciones memorísticas. No descubrimos información ni investigamos por nuestra cuenta. Una fuente externa a nosotros, el profesor, dueño de los conocimientos, nos limitaba a repetirlos. Hoy tenemos que lograr por nuestra cuenta el hábito de «aprender a aprender». Cuando quiero dominar alguna habilidad, decido enseñarla. Sólo al estudiar, aplicar y enseñar se logra el mejor aprendizaje.

Otra estrategia para aumentar la retención de lo aprendido es pedir a la persona que siguió el curso un informe de cómo está aplicando los diez puntos más importantes del curso. Así, los conocimientos aprendidos no servirán sólo para obtener diplomas académicos con los que adornan las oficinas, sino que aumentarán la productividad.

Otro aspecto que aumenta o disminuye la retención de conocimientos es la metodología del entrenamiento. Cuando vemos una buena película, nos entretenemos y pasamos un buen rato. De la misma manera, un profesor entretenido puede hacer que los participantes lo pasen bien. Pero si los alumnos no interactúan, ¿realmente aprenden?

Según Tony Buzan, las personas sólo pueden escuchar y retener veinte minutos de una exposición[35].

---

[35] Ibíd.

Para retener todo lo enseñado necesitamos aplicar lo aprendido. Elija los programas de formación no sólo teniendo en cuenta a la persona que imparte el curso; investigue su metodología: allí está la clave del aprendizaje.

Cuentan que un discípulo solicitó a su maestro que le enseñara a dejar de comer dulces. Éste le pidió que regresara en tres semanas. El discípulo le dijo que quería saber la fórmula en este momento. El maestro insistió en que regresara en tres semanas. El discípulo insistió una vez más. Pero el maestro dio la misma respuesta. A las tres semanas, el discípulo regresó y el maestro le dio una receta de hierbas y flores. El discípulo, intrigado, le preguntó: «Maestro, ¿por qué no me diste la receta tres semanas atrás?». El maestro le respondió: «Primero tenía que aprender yo a dejar de comer dulces para poder enseñarte».

Como el maestro, haga que su personal estudie, aplique y enseñe a sus compañeros; así logrará «represar» los conocimientos e irrigarlos por toda la organización.

> *El error más grande que puedes cometer es tener miedo de cometer un error.*
>
> Elbert G. Hubbard

# El verdadero tesoro

*En un mundo de cambios, los ejecutivos deben modernizar constantemente sus hábitos gerenciales y de liderazgo. Sin embargo, cambiar hábitos es un proceso difícil que requiere perseverancia, ayuda de la organización y capacidad para tolerar el error.*

Cuentan que, antes de morir, un hombre muy trabajador les comunicó a sus hijos que había dejado enterrado un tesoro en el campo. Para encontrarlo tenían que remover la tierra cuidadosamente. Cuando el hombre murió, los hijos, que eran holgazanes y no tenían el hábito de trabajar, empezaron a remover la tierra para encontrar el tesoro. Trabajaron arduamente, pero no encontraron nada. Como la tierra ya estaba removida, decidieron sembrar el campo. Cosecharon y recaudaron mucho dinero. El dinero les hizo recordar el tesoro de su padre, y volvieron a remover toda la tierra para encontrarlo. Como no hallaron nada, decidieron que sembrarían por segunda vez. Nuevamente cosecharon y obtuvieron grandes ganancias. Siguieron haciendo esto varios años, lo que les permitió obtener riquezas y acostumbrarse al trabajo. Finalmente entendieron que el verdadero tesoro que su padre les había dejado era la sabiduría para romper sus hábitos de holgazanería y pereza y reemplazarlos por nuevos hábitos de trabajo.

Los hábitos son conductas subconscientes que determinan nuestro comportamiento. El aspecto positivo de los hábitos es que facilitan la vida rutinaria. Por ejemplo, cuando conducimos el coche para dirigirnos al trabajo, vamos como si tuviéramos un piloto automático, y muchas veces llegamos al destino sin siquiera percatarnos del recorrido. Los hábitos simplifican la vida. Si no existieran, tendríamos que pensar todo lo que hacemos, lo que reduciría nuestra productividad. El aspecto negativo de los hábitos es que nos encadenan, con lo que limitan el aprendizaje de conductas mejores.

En una empresa que asesoro, había un gerente que no tenía el hábito de motivar adecuadamente a su personal. El gerente, sin embargo, se jactaba de ser un gran motivador. El primer paso para cambiar un hábito, según *La escalera del conocimiento* de William Howell[36], es subir el escalón de la «inconsciencia de la incompetencia» a la «conciencia de la incompe-

---

[36] Ibíd.

tencia». El gerente tenía que entender que no sabía motivar. Así que le mostramos una encuesta que reflejaba la desmotivación de su personal, y tuvo que aceptar la realidad. Luego le enseñamos a motivar. El gerente estaba ya en el siguiente escalón, tomando «conciencia de la competencia». Es decir, estaba alerta cuando hablaba con su personal, aplicando las técnicas aprendidas. Después de algunas semanas, pasó al escalón de la «inconsciencia de la competencia», es decir, ya no pensaba en las técnicas, sino que las usaba de forma automática; ya eran un nuevo hábito.

Para cambiar un hábito hay que subir esta escalera. El problema reside en que es muy empinada y la subimos con pesas amarradas a nuestro cuerpo. Requiere mucha energía. Las pesas nos anclan a los antiguos hábitos. Como en la historia del padre que dejó el tesoro, muchas veces necesitamos un refuerzo a mitad de escalera que nos dé fuerzas para seguir subiendo. Todos tenemos la fortaleza interna para cambiar, pero con frecuencia lo olvidamos. Por eso, si una empresa desea emprender una capacitación en hábitos gerenciales modernos, debe proveer incentivos para que sus ejecutivos los apliquen y tolerar el error si se presenta. Los incentivos sólo son necesarios hasta que el personal tome conciencia de los beneficios de los nuevos hábitos.

Cuentan que una persona buscaba la piedra filosofal que convertía todo en oro. La forma de reconocerla era a través de su temperatura, superior a la de las demás piedras. Esta persona recogía piedras en la playa y, si no eran la que buscaba, las arrojaba al mar. Así pasó muchas horas. Hasta que encontró lo que buscaba. El problema era que ya la había tirado al mar. El hombre se había habituado a la conducta de arrojar las piedras al mar y perdió la oportunidad de su vida.

No pierda oportunidades. Atrévase a cambiar constantemente sus hábitos. Si persiste, verá los frutos al final de la escalera.

# [VI] Comunicación efectiva

Cuando un alpinista lidera una expedición a la montaña en zonas muy empinadas, usa lo que se denomina «la cordada», una soga que lo une al equipo que lo acompaña en el ascenso. En caso de que tropiece o resbale, está unido a sus compañeros por la soga, y la ayuda de éstos lo sustentará. En la empresa, «la cordada» de un líder es la comunicación con su personal. Si no existe una buena comunicación, en momentos difíciles el líder no tendrá en qué apoyarse para salir adelante.

La comunicación se logra cuando el líder sabe escuchar y sabe expresarse asertivamente. Sin embargo, la comunicación, como toda herramienta, puede ser muy útil pero también muy peligrosa. Ocurre, por ejemplo, como con un destornillador. Cuando se usa adecuadamente, ayuda a armar y ajustar todo tipo de equipamiento. Pero el destornillador se puede usar también como arma punzante para destruir. La comunicación es igual: bien utilizada, ayuda a generar un clima de confianza y unión del líder con su personal; mal usada, puede generar dolor, rabia e indignación y crear un clima destructivo en la organización.

Por último, un líder no debe tener miedo a comunicarse públicamente, pues ésta es la única forma en que podrá transmitir su visión de manera adecuada.

> *Tres cuartas partes de las miserias*
> *y malos entendidos en el mundo*
> *terminarían si las personas se pusieran*
> *en los zapatos de sus adversarios*
> *y entendieran su punto de vista.*
>
> Mohandas K. Gandhi

## ¿SABEMOS ESCUCHAR?

*Un navegante debe estar alerta y escuchar los vientos marinos para orientar sus velas y poder avanzar.*

*De la misma forma, la única forma de avanzar en la empresa es orientando nuestras conductas y acciones a través de saber escuchar.*

Un hombre soberbio visitó a un maestro y le pidió que le enseñara lo que sabía. Le dijo que, aunque ya había aprendido todo lo necesario de diversos maestros, quería escucharlo de todos modos. El maestro le ofreció una taza de té. Al servirla, no reparó en que había llegado al borde de la taza y el té se derramó sobre la ropa de su visitante. El hombre, molesto, le dijo: «¿Qué puedes enseñarme tú, si ni siquiera sabes servir el té?». El maestro respondió: «Como esta taza, tu mente está llena de ideas. Si te doy más conocimientos, se derramarán como el té. Regresa cuando la taza de tu mente esté vacía y quieras verdaderamente escuchar»[37].

Según un estudio de Ralph Nichols, escuchamos sólo un 40% de nuestro tiempo[38]. Esto significa que también sólo un 40% del horario de una empresa se invierte en escuchar. ¿Cuán efectiva es esa inversión? Cuando la empresa compra un activo, invierte un esfuerzo considerable en optimizar la compra. ¿Qué estamos haciendo para optimizar la tremenda inversión de escuchar?

Existen varios niveles de escucha. En la escucha desconectada nuestro cuerpo está presente, pero nuestra mente no. Claro que damos señales de que estamos escuchando, para no ser descubiertos: «ajá», «sí», «claro», entre otras, pero no escuchamos nada. Estamos en otro lugar del universo.

El siguiente nivel es la escucha competitiva. Mientras escucha a medias, la persona va ideando respuestas lo más rápido posible. Interrumpe constantemente a la persona con quien habla para darle su opinión. En este nivel de escucha no hay interés en escuchar, sino en probarse a sí mismo y a los demás que se es el más capaz y competente.

---

[37] FOREST, ob. cit.

[38] En *Listening: The Forgotten Skill*. San Mateo, California. Dynamics of Human Behavior, 1992.

En el tercer nivel, la escucha verbal, la persona presta atención solamente al contenido del discurso, mas deja de lado los mensajes no verbales. Escucha las palabras, pero no distingue la información valiosa derivada de los gestos, tono de voz y postura, entre otros.

Las estadísticas revelan que nuestra comunicación es sólo 7% verbal, 38% vocal (tono, volumen, velocidad) y se compone en un 55% de gestos, posturas y contacto visual. Si solamente escuchamos las palabras, nos perdemos el 93% del mensaje.

El último nivel es la escucha empática, esto es, cuando escuchamos la parte verbal y percibimos la no verbal y las emociones. En este nivel dejamos aparte nuestro ego, tomamos una actitud de servicio y nos ponemos en el lugar de la otra persona.

Una vez llegó a mi oficina una persona con un problema serio. Mi primera reacción fue recomendarle las posibles soluciones. Cuando terminé de hablar, la persona, aún más contrariada, se quedó callada y se fue. Reflexionando, me di cuenta de que estaba tan concentrado en demostrarle mi capacidad para resolver problemas, que no había escuchado nada. La llamé, le pedí disculpas y luego me puse en su lugar y la escuché con empatía. Ella no quería que yo le resolviera la vida: quería que la escuchase.

Un discípulo dedicado a una vida contemplativa le preguntó a su maestro: «¿Por qué es tan difícil escuchar? La gente no se escucha, y es tan fácil hacerlo». El maestro prometió responder si antes llevaba una jarra llena de líquido a una distancia de 100 metros sin derramar una gota, pues el líquido era muy importante. El discípulo cumplió con esmero el encargo y regresó exitoso ante el maestro. Éste le preguntó si había escuchado cómo lo había llamado varias veces. El discípulo confesó, avergonzado, no haber escuchado nada. El maestro le respondió: «¿Te das cuenta lo difícil que es escuchar si lo único que nos importa es probarnos que somos competentes?».

Dejemos de escucharnos sólo a nosotros mismos, escuchemos empáticamente a los demás. No sólo lograremos mejores resultados, sino que además contribuiremos al bienestar de las personas de nuestro entorno.

*Vive el Tao:*
*entregando no solo a aquellos que afirman el bien sino también a los que no lo hacen, respetando no sólo a aquellos que te respetan, sino también a los que no lo hacen; porque el respeto aumenta el respeto creando la armonía esencial.*

Lao Tzu

# El respeto en la comunicación

La comunicación en la empresa es como el sistema circulatorio del ser humano. Si hay bloqueos arteriales es posible que se produzca un ataque al corazón. De la misma forma, un bloqueo de la comunicación en la empresa merma la productividad y destruye el clima laboral.

Imagínese la siguiente situación en la empresa: un subordinado le entrega al jefe un informe que le ha costado mucho tiempo y esfuerzo. El jefe lo empieza a leer y, a la segunda página, le grita al subordinado que es un inepto, que el informe no sirve para nada y que cómo es posible que haga las cosas tan mal. El subordinado mira al jefe en silencio y no le dice nada. Sale de la oficina y lo primero que hace es contarle a todo el personal lo injusto que es el jefe. Luego empieza a sabotearlo disimuladamente: llega tarde a reuniones convocadas por él, incumple encargos importantes, manipula al personal para que desconfíe de él y hace comentarios hirientes.

Esta situación, frecuente en el mundo empresarial, muestra dos estilos de comunicación: agresivo y pasivo[39]. Las personas con un estilo agresivo explotan ante los problemas. Suelen menospreciar el trabajo de los demás, piensan que ellos siempre tienen la razón, son dominantes, invaden el espacio de las personas y les gusta ser el centro de atención.

Hace algún tiempo, mientras conducía mi coche, vi cómo salía humo del motor. En la estación de servicio me di cuenta de que el problema era el radiador. Cuando abrí con cuidado la tapa de éste, salió despedido un líquido marrón que hervía y casi me quema. El agresivo es como un coche con el radiador bloqueado: camina un poquito, se calienta rápidamente y explota en cada esquina. Y, cuando explota, mancha y daña mucho a las personas.

Las personas que tienen el estilo pasivo, en cambio, no explotan: agreden de una forma más sutil pe-

---

[39] BURLEY-ALLEN, Madelyn. *Managing Assertively: How to Improve Your People Skills. A Self Teaching Guide.* New York. John Wiley & Sons. Inc., 1995.

ro quizá más dañina. Suelen ser sujetos inseguros y temerosos de correr riesgos; esconden sus verdaderas emociones e intenciones, buscan la aprobación de los demás y prefieren ceder antes de luchar por lo que creen.

Volviendo al ejemplo del coche, las personas pasivas son como un automóvil cuyas ruedas tienen pequeños cortes. Aparentemente no hay problemas —el coche puede caminar—, pero, poco a poco, las ruedas van perdiendo aire hasta que el vehículo se queda parado.

De la misma forma, el «pasivo» le hace perder aire a la cultura organizativa hablando a espaldas de terceros, manipulando, hiriendo y generando un clima de desconfianza.

Tanto el pasivo como el agresivo son estilos de comunicación en los que se presenta un déficit de respeto. En el caso del agresivo, le falta el respeto a los demás. En el caso del pasivo, le falta saber respetarse a sí mismo. El mejor estilo de comunicación es aquel en el que la persona respeta a los demás y también se respeta a sí misma. Éste es el estilo «asertivo», por el que la persona asume la responsabilidad de su vida. En el mencionado caso del jefe-subordinado, aquél hubiese logrado mayor motivación de éste si le hubiera hablado con respeto, si le hubiera mostrado los puntos del informe que debían mejorarse y le hubiera explicado más claramente lo que esperaba. Por otro lado, el subordinado hubiera podido asumir la responsabilidad sobre su vida y hablar directamente con el jefe en vez de atacarlo disimuladamente. Hubiese podido hablar con el jefe sobre su falta de educación, explicarle con respeto cómo se sintió y solicitarle un trato más amable y digno.

Cuentan que un discípulo muy agresivo que quería perjudicar a su maestro tomó una paloma en sus manos y se le ocurrió preguntarle al maestro si estaba viva o muerta. Él le mostraría lo equivocado que estaba asfixiando a la paloma si su maestro decía que estaba viva, y soltándola si decía que estaba muerta. El discípulo se acercó al maestro y le preguntó:

—Maestro, ¿la paloma está viva o muerta?

El maestro lo miró con mucho respeto y le respondió asertivamente:

—Hijo mío, la respuesta está sólo en tus manos.

> *Juzgar a otros es algo peligroso, no tanto porque te puedes equivocar en los juicios de las personas, sino porque eso puede estar revelando la verdad acerca de ti.*
>
> Anónimo

# EL PODER DE LA PALABRA

*Es muy frecuente encontrar en las organizaciones la costumbre destructiva de hablar a espaldas de otras personas.*

*Este hábito se puede convertir en un cáncer que se expanda y finalmente termine contaminando la cultura organizativa.*

¿Qué pensaría de un agricultor que pone veneno en el agua con que riega sus sembrados? Que está loco, ¿verdad? ¿Y qué hacen los ejecutivos de una empresa cuando hablan a espaldas de sus compañeros? Están envenenando la cultura organizativa con desconfianza y desunión, lo que trae como resultado una merma de la productividad. No tiene sentido, pero es frecuente en las empresas. ¿Por qué?

Imagínese la siguiente situación. El gerente de finanzas cuenta lo incapaz que es el gerente de márketing ante una crisis. Se burla, describe sus errores y termina diciendo que no entiende cómo puede haber un gerente tan incompetente. Este gerente financiero no está buscando mejorar la gerencia de la empresa: está tratando de elevar su ego menospreciando al gerente de márketing. El deseo de elevar nuestro ego es la causa principal de la murmuración en las organizaciones.

La competencia en los mercados se parece al juego de tirar la soga. Cada empresa trata de tirar con más fuerza para ganar a la competencia. Cuando la murmuración se asienta en la cultura empresarial, se pierde la coordinación y cada uno tira para un lado diferente; resultado: gana el adversario. El hábito de hablar a espaldas de las personas crea en la organización bandos de «buenos» y «malos». Se entorpece la comunicación, se crea un clima de desconfianza, miedo y competencia desleal. Este clima hace más burocrática y lenta la toma de decisiones, y disminuye la capacidad de respuesta ante la competencia. Hoy día tenemos que luchar con nuestros competidores y no contra nuestros compañeros.

A continuación, algunas sugerencias para evitar este problema:

### *Instituya la regla de las cartas boca arriba*

«Nadie dice algo de otra persona si esa persona no lo ha escuchado primero». Es increíble el tiempo productivo que se gana cuando las personas dejan de conversar a espaldas de sus compañeros. Sin embargo, cuando un colega o subordinado empiece a hacerlo, deje que ocurra, no diga nada en ese momento. Recuerde que el ego es el motor de la murmuración. Si usted le muestra su error, es posible que lo niegue y el ego explote en ira. Deje pasar unas horas y hágale presente el incidente. Estará más dispuesto a escuchar y cambiar.

*Dé ejemplo*

La regla de las cartas boca arriba funcionará sólo si usted da ejemplo primero. Esto no es fácil. En el Oriente los yoguis tienen la costumbre de enrollar su lengua dentro de la boca. Para hablar tienen que desenrollar primero la lengua, lo que les permite ganar tiempo para pensar lo que van a decir. Si usted posee una metralleta, seguramente la tiene con el seguro puesto para que no se escape ninguna bala. Bueno: su boca también puede ser un arma peligrosa.

*Póngale seguro y piense antes de hablar*

Cuentan que un maestro oriental estaba en casa de una familia recitando una oración a un niño enfermo. Un amigo de la familia que observaba se le acercó al final de la oración y le dijo: «Dígales la verdad: unas palabras no van a curar a este niño; no los engañe». El maestro se volvió, lo insultó y le contestó gritando que no se metiera en el asunto. Este maltrato verbal sorprendió muchísimo al amigo de la familia, pues los maestros orientales nunca se alteran. Después se sonrojó, se alteró y empezó a sudar profusamente. Entonces el maestro lo miró con amor y le dijo: «Si unas palabras te ponen rojo, te alteran y te hacen sudar, ¿por qué no pueden tener el poder de curar?»[40].

Usemos en la empresa el poder de nuestras palabras para construir y no para destruir. Esta actitud no sólo beneficiará el clima organizativo, sino que también incrementará nuestra propia paz y tranquilidad.

---

[40] HAZRAT INAYAT KHAN: *Tales*. New York. Omega Publications, 1991.

> *Si te aproximas a una audiencia*
> *con una actitud generosa de amor,*
> *no habrá espacio para el miedo.*
>
> Ralph Archbold

# HABLANDO DEL MIEDO DE HABLAR

*Estudios sobre los miedos humanos demuestran que, después del miedo a la muerte, el más común es aquel que nos provoca hablar en público. En gran cantidad de ocasiones este miedo impide el ascenso y desarrollo de muchos profesionales en la empresa. Para evitar esta situación es importante que comprendamos la verdadera razón de nuestro miedo.*

Si estuviéramos en la selva y nos encontráramos con un tigre, nuestro cuerpo experimentaría la respuesta condicionada de «pelea/fuga». Nos subiría la adrenalina, que nos prepara ante una posible pelea o fuga. El ritmo cardíaco se aceleraría para bombear más sangre a las extremidades, de manera que estuviéramos en mejores condiciones para pelear o correr, y al cerebro, para pensar. Se evacuaría la sangre del estómago, la parte más vulnerable a los dientes de una bestia. Aumentaría la respiración para enviar más oxígeno a la sangre y finalmente se bloquearía la parte racional del cerebro para que nos podamos concentrar exclusivamente en correr o pelear.

La respuesta de «pelea/fuga»[41] es una conducta que se remonta a la época de las cavernas, cuando el hombre se veía acechado por bestias salvajes.

Hoy, cuando nos presentamos frente a un auditorio, nos ocurre exactamente lo mismo. Vemos a las personas como si fueran unos tigres salvajes que nos quieren comer, y la respuesta «pelea/fuga» se activa. A continuación se describen los antídotos para este problema.

### *Piense en servir y no en pedir*

Como sugiere Roberto García Carbonel, especialista en presentaciones efectivas, recuerde alguna vez en la que usted le haya pedido algo a una persona que tenía autoridad sobre usted y a la que no conocía mucho. ¿Cómo se sintió? Ahora recuerde alguna oportunidad en la que usted quiso servir con amor y de forma desinteresada a una persona en las mismas condiciones antes planteadas. ¿Cómo se sintió? Lo más probable es que en el primer caso haya tenido miedo, y en el segundo no.

---

[41] Mc WILLIAMS, ob. cit.

Cuando estamos frente a un público para pedir aprobación, admiración y aceptación, nuestro ego tiene mucho que perder. Así, al exponerse a una posible tragedia consistente en sentirse poco querido o aceptado, se siente pánico. En cambio, cuando estamos frente al público con una actitud de servicio, el miedo disminuye. Si nos enfrentamos al público con una actitud de entregarle lo mejor que podemos ofrecer, de enriquecerlo y ayudarlo, el miedo no tiene cabida.

### *Prepárese, prepárese, prepárese*

Otro antídoto contra el miedo es prepararse. Los expertos recomiendan decir en voz alta el discurso por lo menos seis veces antes de darlo. Otro aspecto que contribuye a reducir el miedo es conocer anticipadamente a nuestra audiencia: ¿quiénes son?, ¿cuánto saben del tema?, ¿vienen obligados o por propia voluntad?, ¿qué preguntas pueden hacer?

Como dice Malcolm Kushner: «La audiencia es como una rosa: si la agarras bien puedes disfrutar su belleza, pero si la coges mal, te pinchas».

### *No pierda la perspectiva*

Vista con una lupa de gran aumento, una mosca parece una bestia horripilante, pero cuando la vemos volar en su tamaño natural es un insecto insignificante. El miedo ante una conferencia o discurso es similar. Lo vemos como un problema enorme, pero en realidad debemos poner las cosas en perspectiva. Es sólo una presentación de treinta minutos o una hora. ¿Qué puede significar este tiempo en toda una vida?

El miedo de hablar en público se basa en tigres imaginarios que llevamos en la mente y que no tienen sustento en la realidad. Para vencer el miedo tenemos que arriesgarnos y enfrentarlo aprovechando todas las oportunidades que se presenten para hablar. Cuando lo hagamos, descubriremos que el tigre es sólo un espejismo. Como dijo Franklin D. Roosevelt: «No tenemos nada que temer, excepto al temor a uno mismo».

# [VII] Entrega poder

En su libro *Gung Ho!,* Ken Blanchard cuenta que, cuando reparan un dique, los castores del bosque muestran una peculiaridad: no tienen un jefe. Cada uno es responsable de contribuir a reparar el dique, pero nadie manda a nadie. Todos tienen el mismo poder[42]. En la empresa nos cuesta mucho seguir los pasos de la sabia naturaleza.

En Latinoamérica son pocas las empresas que han puesto en práctica un verdadero programa para otorgar más poder a las personas. Deepak Chopra[43] relata un experimento realizado con dos ratones. A uno se le dejó libre para que comiera, jugara y tomara su agua, mientras que al otro se le amarró un cordón y se le empujó a comer, a jugar y a tomar su agua. Cuando ambos ratones fueron expues-

---

[42] BLANCHARD, Ken y BOWLES, Sheldom: *Gung Ho!* New York. William Morrow and Company Inc., 1998.

[43] CHOPRA, ob. cit.

tos a diversos virus, el ratón al que se le empujaba, que no tenía control sobre su vida, contrajo todas las enfermedades: sus defensas estaban bajas. El otro no fue afectado por los virus.

Este experimento demostró que tener control sobre nuestras vidas nos motiva y nos da salud. Cuanto más distribuyamos el poder y la toma de decisiones en la organización, más velocidad tendremos para responder a las demandas de nuestros clientes. No sólo será más motivador y saludable para nuestros empleados, sino que además aumentaremos su confianza en la institución, porque la institución les muestra con acciones concretas que confía en ellos.

*El mejor ejecutivo es el que tiene la sabiduría para escoger buenos hombres para hacer el trabajo y la capacidad suficiente para abstenerse de intervenir cuando lo hacen.*

Theodore Roosevelt

# CONSIDERACIONES PARA ENTENDER EL *EMPOWERMENT*

*El entorno competitivo actual exige que los gerentes se dediquen cada vez más a gerenciar y menos a realizar el trabajo de sus subordinados. ¿Cómo hacerlo?*

Un día pregunté a un amigo empresario si hacía *empowerment* en su organización. Él, a su vez, me preguntó si estaba loco:

«¿Dar poder para que los empleados asuman más responsabilidad y hagan un trabajo más independiente? No funciona. Los empleados tienen la costumbre ancestral de que les digan qué hacer y que los vigilen al milímetro. Hay que mandar de la siguiente manera: más te pego, más te quiero».

Su respuesta me asombró. Al dar una vuelta por sus instalaciones y entrar en el área de informes al cliente, pude sacar mis conclusiones. Había una gran cola, que avanzaba muy lentamente. Dos de las cuatro señoritas encargadas conversaban sobre la fiesta anual, mientras los clientes esperaban disgustados.

*Empowerment* no es ceder poder a los empleados. En la empresa a la que acabo de aludir, el poder ya lo tienen los empleados, pero para hacer menos y servir mal a sus clientes. *Empowerment* es liberar el poder positivo de los empleados para mejorar la calidad. No significa decirles «¡tienen autoridad para hacer lo que quieran!». Eso sería una anarquía que no beneficiaría ni a la empresa ni a los clientes.

Para conseguir los resultados del *empowerment* se debe primero definir para luego ampliar los límites de la autoridad y del poder de las personas en la organización. Estos límites están determinados por los siguientes aspectos.

### *Conocer la misión de la empresa*

La misión es una frontera saludable del poder. Si la misión de la empresa es fabricar acero de calidad, no queremos que un empleado innove la línea de productos fabricando pelotas de juguete. La misión debe ser conocida y compartida por la organización, para concentrar la energía creativa de las personas en lo verdaderamente importante para la empresa.

### *Autonomía para utilizar recursos*

¿Qué autonomía puede tener una persona que necesita pedir autorización hasta para comprar pegamento para pegar los sobres que envía a sus clientes? Si queremos rapidez, tenemos que dar a las personas capacidad de gasto con autonomía, definiendo los límites de acuerdo con la naturaleza de cada puesto. Cuando los empleados manejan y controlan su propio presupuesto, se preocupan mucho más por optimizar sus compras y ahorrar recursos. Se convierten en pequeños empresarios dentro de la organización, lo cual aumenta su motivación y eficiencia.

### *Flexibilizar normas y políticas*

Las normas y políticas son necesarias en el orden de una organización, pero pueden paralizar a nuestros empleados en el servicio al cliente. Cuando se haga una revisión de las normas de una organización (si es que se revisan, porque en muchas empresas son tan sagradas como las tablas de Moisés), debería haber participación tanto de los gerentes como de quienes están más cerca del cliente. Ellos saben qué normas y políticas desagradan a los clientes y cuáles hay que flexibilizar.

Wilson Berkman en su libro *Consumer Behavior Concepts and Strategies* nos cuenta la historia de una señora que se jactaba ante sus amigas de la gran receta de su abuela para hacer asados al horno. Ella había visto que su abuela hacía un corte al asado, de unos cinco cm antes del final, y lo metía al horno. El resultado era increíble. Un día que la abuela estaba en su casa le comentó:

—Abuela, ¡qué gran secreto el corte del asado! ¿Quién te lo contó?

La abuela le respondió:

—¿De qué estas hablando? Aquí no hay secretos. Lo que ocurre es que mi horno era muy pequeño y el asado no entraba; por eso lo cortaba.

Cuántas veces mantenemos en la empresa normas y políticas que fueron hechas para una realidad distinta de la que hoy vivimos. Hoy día, la velocidad del cambio requiere que las normas y las políticas se adecuen a las transformaciones que tienen lugar en los negocios.

### *Información conocida*

¿Alguna vez ha tratado de armar un rompecabezas sin ver la figura final? Si no tenemos información del lugar de cada pieza, tomar la decisión de ponerla es muy difícil. Lo mismo ocurre en la empresa. Si los empleados no tienen la información completa de toda la organización, ¿cómo les podemos pedir que colaboren, como equipo, en el incremento de la calidad, o en bajar los costos?

¿Cómo se sentiría usted si va en un avión y cuando la nave pasa por una zona de turbulencia severa los compartimientos del avión se abren por el movimiento, se caen los maletines de mano y se arma una confusión? Si el piloto no dice absolutamente nada durante toda la turbulencia, es probable que usted se sienta al borde de un ataque de nervios. ¿Pero qué pasaría si el piloto le comunica que en diez minutos entrará en una zona de turbulencia severa y le dice que no se preocupe, que es normal, que el avión se moverá un poquito pero que no pasará nada? Usted se prepara mentalmente y pasa tranquilo la crisis. La diferencia entre la primera y la segunda situación es la información. Cuando tenemos información sentimos que las cosas están bajo control, que tenemos poder.

En la época de la hiperinflación del año 90 en Perú, yo ocupaba el difícil puesto de la gerencia financiera de una mediana empresa. Permanentemente le comunicaba al personal la importancia de ser austeros y de reducir los gastos tanto como se pudiera. El problema es que nadie me hacía caso, y seguían gastando. Hasta que un día los reuní a todos y les mostré la información del flujo de caja proyectado y lo peligroso de nuestra situación. En ese momento el personal entendió verdaderamente la situación, se comprometió y dejó de gastar innecesariamente. Lograron ver la figura completa y sintieron que eran parte del equipo y que debían colaborar.

Recuerde que la información es poder, y que no debemos tener miedo de compartirla. Nuestra competencia está fuera, no dentro.

### *Desarrollo del subordinado*

Una persona que empieza no puede tener el mismo poder que una persona que trabaja en la empresa desde hace tres años. Los gerentes deben formar y desarrollar al personal para que incremente su autonomía de manera paulatina. Su función debe ser más la de un entrenador que la de un capitán.

*Autonomía en la toma de decisiones*

El número, la importancia y el nivel de toma de decisiones es quizás el límite más importante de poder de una persona en la organización.

Es frecuente encontrar empresas donde personas con mucha experiencia y capacidad en un puesto deben pedir autorización al jefe para tomar casi todas las decisiones.

Como ejercicio rápido, pida a su subordinado que le detalle sus funciones y diga cuáles decide totalmente solo, cuáles decide conjuntamente con otras áreas y cuáles decide consultando con usted. Quizás se sorprenda de la poca autonomía que tiene. Si queremos servir mejor a nuestros clientes, la velocidad de respuesta es crucial, y ésta será muy lenta si tenemos que autorizar cada decisión.

Ya es hora de que los gerentes y jefes de una organización dejen de hacer el trabajo de los subordinados. Lo que ellos deben hacer es dedicarse a las labores para las que fueron contratados: pensar, desarrollar estrategias, proponer mejoras continuas e innovaciones. Si lo que se necesita es responder con calidad y rapidez a los clientes en entornos competitivos, los gerentes y jefes deben motivar a su personal para obtener su máximo potencial, y para ello es indispensable delegar poder.

> *Las organizaciones que caen están generalmente sobre-gerenciadas e infra-lideradas.*
>
> Warren G. Bennis

# Los tornillos no se ponen con martillos

*Los martillos son útiles, pero no para todos los trabajos. De la misma forma que cambiamos las herramientas para las diferentes labores, el estilo de liderazgo también debe cambiar de acuerdo con la situación.*

Imagínese que su hijo quiere aprender a conducir un coche. Lo primero que usted haría sería ponerlo al volante, indicarle cuáles son los pedales y los cambios y darle órdenes para avanzar. Usted estaría cerca del volante para proteger a su hijo. Después de caer en unos baches, de algunos sustos y equivocaciones, tendría que motivarlo suave y cariñosamente para que continúe intentándolo. Usted todavía estaría al lado para ayudarlo. Finalmente, cuando usted se diera cuenta de que el muchacho ya ha logrado la destreza necesaria, le prestaría el automóvil para que salga solo.

En este ejemplo usted ha cambiado su estilo de liderazgo para adaptarlo a la situación. Empezó con un liderazgo directivo, dándole órdenes a su hijo, y terminó con un liderazgo facilitador para que su hijo manejase el automóvil solo. Según Ken Blanchard, experto en liderazgo y gerencia, el estilo de liderazgo no tiene por qué ser fijo, sino que debe variar de acuerdo con el desarrollo del subordinado[44]. Por ejemplo, si su empresa contrata como asistente a un recién licenciado de la universidad y su jefe usa un estilo de liderazgo que le otorga mucha autonomía y delega en él muchas responsabilidades, el asistente llegará muy rápido a su nivel de incompetencia y terminará desmotivado. Y análogamente: si su empresa contrata a un profesional con muchos años de experiencia y su jefe usa un estilo de liderazgo muy directivo y restrictivo, se desmotivará y se irá.

Últimamente se habla mucho del *empowerment,* término que implica darle poder y autonomía a los subordinados para que respondan con rapidez a las exigencias del mercado. Sin embargo, un error común es dar poder cuando el subordinado no está preparado.

Los pasos para modificar el estilo de liderazgo de acuerdo con la situación se describen en lo que sigue.

---

[44] BLANCHARD, Ken: *Leadership and the One Minute Manager: Increasing Effectiveness Through Situational Leadership.* New York. William Morrow and Company, 1985.

*Medir el nivel de desarrollo del subordinado*

Lo que significa definir las funciones más importantes del subordinado y evaluar su nivel de desarrollo en ellas. Por ejemplo, un tesorero puede ser muy diestro en la elaboración del flujo de caja, pero tener muy poca experiencia en el manejo de la relación con los bancos.

*Compartir la información*

Un subordinado prefiere normalmente autonomía y poder. Si usted cree que él no está preparado para recibirlos, debe ser transparente y explicarle el estilo de liderazgo que ha planificado y por qué. Acuerde el estilo de mando que va a emplear para cada función importante. En el ejemplo anterior, para desarrollar flujos de caja se debería utilizar un estilo delegativo: la persona trabaja sola. En cambio, para la función de relación con los bancos, el jefe debería acordar ser más directivo para evitar errores. Cuando las reglas establecidas en la relación entre jefe y subordinado son claras, se evitan problemas de expectativas incumplidas.

*Trazar un plan de entrenamiento*

Como gerente, su labor más importante es lograr el desarrollo laboral de su personal. Establezca un plan de entrenamiento para aquellas funciones que su personal no puede desempeñar por su cuenta. Una de las razones por las cuales los gerentes no entrenan a su personal es el deseo de sus egos de sentirse necesarios y competentes. Les gusta pensar que son los que más saben y sentirse superiores a sus subordinados. Otra razón por la cual los gerentes no entrenan a su personal es el temor de enseñar todo lo que saben y exponerse a quedarse sin trabajo. Ocurre justamente lo contrario: mientras más pueda delegar en su personal, mayor tiempo tendrá para desarrollar labores más creativas y estratégicas que tienen más repercusión en la organización. Cuando exista la posibilidad de ascender, usted podrá hacerlo, puesto que tiene ya preparado su sustituto.

### *Modificar su estilo de acuerdo con el crecimiento de su personal*

Sea flexible para cambiar su estilo de liderazgo en aquellas funciones que su personal ya puede hacer solo. Como en el ejemplo de las clases de conducir a su hijo, suelte el volante y déjelos actuar. Recuerde que equivocarse es la forma más rápida de aprender. El martillo es una magnífica herramienta para clavar, pero en la vida no sólo hay clavos.

> *Liderazgo es el arte de lograr que otra persona haga algo que tú quieres porque ella realmente lo quiere.*
>
> Dwight Eisenhower

## Los coches alquilados no se lavan

*Si un líder quiere tener seguidores con la capacidad de autoliderarse, debe tratar de que éstos asuman cada vez más responsabilidad y autonomía en la toma de decisiones.*

Más de una vez en los talleres de liderazgo que imparto he preguntado a los participantes si en alguna ocasión han alquilado un coche. Normalmente, el 75% de ellos responde que sí, aunque lo hacen sorprendidos, porque no encuentran la conexión con el curso de liderazgo. Luego les pregunto si alguna vez lavaron el coche que alquilaron. Ante esta pregunta, que causa mayor desconcierto, nadie levanta la mano. Como menciona Jack Pratt, de la misma manera que nadie se compromete a lavar un coche alquilado, nadie se compromete realmente a trabajar una idea que no es suya. Entonces les digo: «La próxima vez que alguien venga a consultarles un problema, ustedes tienen la posibilidad de escoger si "alquilarles" la solución o hacer que esa persona adquiera un mayor compromiso descubriendo su propia solución».

El autoliderazgo es la capacidad de liderarse a uno mismo. Si un líder quiere tener seguidores con la capacidad de autoliderarse, debe tratar de que éstos asuman cada vez más responsabilidad y autonomía en la toma de decisiones. Un medio de lograrlo es permitir a las personas que descubran sus propias respuestas, propongan soluciones y alternativas a los problemas y estén capacitadas para resolverlos sin siquiera consultar. Cuanto menos consulte el subordinado en temas que él puede resolver, más tiempo tendrá el jefe para hacer mejor su trabajo.

Pero lograr esto no es fácil. Para el líder significa dejar de ser el héroe, el que tiene todo el poder y las ideas. Esto implica modificar hábitos que pueden tener más de veinte años de vigencia. Para el subordinado tampoco es fácil. Significa asumir más responsabilidad y propiedad de los éxitos, pero también de los posibles fracasos. Cuando el jefe da las ideas y decide, el subordinado se limita a ejecutar sin mayor responsabilidad. Pero cuando el jefe logra que el subordinado asuma las ideas como suyas, lo hace responsable.

Los pasos para promover el autoliderazgo en los subordinados son los que se describen a continuación.

### *Evaluar las competencias críticas del puesto*

Una persona no se puede liderar a sí misma si no tiene las competencias profesionales que requiere su puesto. Es importante que el líder defina cuál es el 20% de competencias que tienen el 80% de incidencia en el éxito del desempeño y se concentre en ellas.

### *Hacer un plan de entrenamiento* (coaching)

Una vez definidas las competencias importantes, el líder debe hacer un plan de entrenamiento para su personal. Por ejemplo, si el trabajo presupuestario es una competencia crítica, tiene que definir objetivos explícitos de entrenamiento en esta competencia. Lo ideal es llegar a lo que Ken Blanchard denomina nivel D4 de desarrollo del subordinado[45], es decir, un nivel en el que la persona trabaja con un alto grado de autonomía.

### *«Retroalimentar» al subordinado de acuerdo con su desarrollo*

Ésta es la parte más difícil, pues implica un cambio de conducta por parte del líder. Aunque la persona ya esté en D4, es muy probable que consulte problemas que ella misma ya podría resolver. Es aquí cuando el líder tiene que ser muy cuidadoso con su comunicación para impulsar al subordinado a asumir responsabilidad y autonomía. En ese caso, el lí-

---

[45] Ibíd.

der debe devolver las consultas al subordinado y preguntarle: ¿qué sugerencias tienes para resolver este problema?, o ¿cómo lo harías en mi lugar? El problema es que a los líderes les cuesta trabajo hacer esto. Están muy acostumbrados a ser ellos los que resuelven. Pero la única manera de formar personas que se lideren a sí mismas es haciéndolas adquirir responsabilidad y propiedad sobre su trabajo.

Formar líderes que se lideren a sí mismos no sólo es crítico para un momento tan competitivo como el que vivimos. Necesitamos rapidez en las empresas para responder a los retos del entorno. El autoliderazgo, además, motiva y hace crecer al personal, y genera un clima organizativo óptimo. Como dijo Lao Tzu, un filósofo chino del 2500 a.C.: «Cuando el mejor líder termina su trabajo, su gente dice: "Lo hicimos nosotros"».

*No creas en lo que escuchas.*
*No creas en la tradición sólo porque viene desde muchas generaciones atrás.*
*No creas lo que ha sido dicho muchas veces.*
*No creas en antiguos documentos escritos.*
*No creas en la autoridad, en maestros [o ancianos.*
*Pero después de un cuidadoso análisis [y observación,*
*cuando coincida con la razón y beneficie [a uno y a todos,*
*entonces, acéptalo y vive de acuerdo [con ello.*

Buda

## PARA DICTADORES Y SUBORDINADOS «SÍ SEÑOR»

*El «sí señor», ese personaje benévolo y complaciente que no tiene el coraje de cuestionar y discrepar, hoy no encaja en un mundo competitivo.*

Imagínese un equipo de fútbol donde sus jugadores, a excepción del capitán, están con los ojos vendados y las manos atadas.

En cada jugada tienen que pedirle al capitán que les indique lo que deben hacer. El equipo contrario metería los goles que quisiera sin ningún esfuerzo. Esto mismo ocurre en la empresa con líderes dictadores y subordinados «sí señor».

El líder autoritario y dictador se engancha neuróticamente con el subordinado «sí señor». Este tipo de líder tiene un problema de autoestima: en el fondo, no se siente competente, no siente que vale.

Por eso necesita mandar, sentirse poderoso, tener la última palabra para demostrarse a sí mismo que es capaz. Si algún subordinado da alguna idea diferente de la suya, este tipo de líder la ve como una amenaza, ya que teme que descubran que no es competente.

Por eso, con actitudes autoritarias y agresivas va formando subalternos sometidos que se limitan a decir «sí». El subalterno «sí señor» también tiene una baja autoestima. No se siente competente; por esto acepta las indicaciones sin cuestionarlas. Además es muy cómodo, ya que el hecho de que se haga lo que el jefe quiere implica que si sale mal la responsabilidad no es suya sino del jefe.

Las consecuencias para la empresa son desastrosas: el líder pierde información valiosa para la toma de decisiones; el personal trabaja desmotivado, y muchas veces realiza las tareas por temor, sin creer en ellas; disminuye la velocidad de respuesta, puesto que hay que preguntar todo antes de actuar. Se crea una cultura del miedo: las personas no dicen lo que piensan abiertamente, pero critican destructivamente a escondidas, creando un clima laboral inadecuado.

La educación tradicional también contribuye a formar «sí señores». En mis talleres de liderazgo, cuando pregunto: «¿Cuántos de ustedes estudiaron en el colegio y la universidad por la nota y no por aprender?», todos levantan la mano. Estudiar por la nota es buscar la aprobación del profesor, es responder lo que el profesor quiere escuchar. Luego salimos a trabajar y seguimos buscando la aprobación del profesor, que es ahora nuestro jefe.

Cuentan que un gran maestro hindú dijo a sus discípulos:

—Vayan al pueblo y roben dinero para levantar el templo, pero cuiden que nadie los vea.

Los discípulos se quedaron perplejos: robar iba en contra de sus valores, pero si lo decía el maestro debía de ser importante. Entonces, todos se dirigieron hacia el pueblo, excepto uno. El maestro se acercó a esta persona y le preguntó por qué lo había desobedecido. Éste le respondió:

—Maestro, nos has pedido que robemos sin ser vistos, pero donde yo vaya mis ojos me estarán mirando. No puedo cumplir lo que me pides.

El maestro lo miró y le dijo:

—Discípulo, quédate, porque tú ya tienes construido el templo en tu corazón[46].

---

[46] FOREST, ob. cit.

Hoy día se necesitan personas que cuestionen, que no acepten las circulares como órdenes, que analicen y tengan la capacidad de discrepar.

Que tengan la valentía y la integridad de vivir de acuerdo con lo que piensan que es correcto.

Personas que salgan del negocio de buscar la aprobación del jefe y pasen al negocio de servir al cliente.

Tal como dice el físico Tom Hirshfield: «Si no cuestionas lo suficiente, alguien te cuestionará a ti»

# [VIII] Trabajo en equipo

¿Cómo se sentiría si lo invitan a almorzar a la casa de un amigo que ha venido de África y le sirven de entrada un riquísimo plato de gusanos vivos? Usted mira el plato con gusanos que se están moviendo. Mira a su lado y ve a su amigo que se los come con muchas ganas. Lo que le ha ocurrido es un choque cultural. Posiblemente en África los gusanos vivos sean una *delicatessen;* quizá son muy apreciados por su riqueza proteínica. Para usted son unos bichos raros que están normalmente en el jardín y a los que mata cuando entran en su casa.

Lo mismo ocurre con el trabajo en equipo. Es un choque cultural para la sociedad occidental. Durante muchas décadas se ha valorado el trabajo individual, la competencia, el buscar beneficios personales; hoy en día no conocemos ni valoramos el trabajo en equipo.

En una ocasión tuve la oportunidad de observar un debate electoral en un país sudamericano. A cada candidato se le había dicho que podía asistir con todo su equipo de asesores para que lo ayudasen a responder preguntas técnicas. Recuerdo que el primero de ellos vino con un equipo de asesores impresionante. Personas de muy alto nivel, muy preparadas en todas las áreas de gobierno. El segundo candidato vino totalmente solo. Cuando paseaba entre los asientos del público que había asistido a estas presentaciones escuchaba lo siguiente: «Claro, el primero es un débil. Viene con su equipo, él no sabe nada. En cambio el segundo sí sabe, no necesita a nadie para gobernar». Esto demuestra el carácter individualista de nuestros valores.

Para nuestra sociedad, trabajar en equipo es un signo de debilidad. Pero si queremos entrar en la modernidad, estos valores tienen que empezar a cambiar. Si no cambiamos por nosotros mismos, la globalización de la economía nos hará cambiar.

Está demostrado que trabajar en equipo aumenta la eficiencia de los empleados e incrementa su motivación. Trabajar en equipo implica adquirir una serie de habilidades, como la dirección de reuniones, la comunicación interpersonal, el aprendizaje en equipo, o la resolución de conflictos, entre otras.

Además, trabajar en equipo significa valorar la diversidad de estilos de las personas. Nos encanta trabajar con personas parecidas a nosotros, y nos alejamos de aquellas que tienen estilos diferentes.

Si usas sólo aceite para el aliño de la ensalada, el resultado será aburrido y nada sabroso. Si le pones además vinagre, sal y pimienta, la cosa cambia. Lo mismo ocurre en los equipos cuando existe una variedad de estilos: el trabajo mejora sustancialmente.

*No hay límite en lo que un hombre puede alcanzar en la medida que no le importe quién asuma el crédito.*

Bob Woodruff, Coca Cola

# ¿Trabaja usted en grupo o en equipo?

*En la época de las cavernas, la única forma de subsistir al acecho de las bestias salvajes era trabajando en equipo. Hoy, en el mundo empresarial, las bestias de la globalización rondan los mercados. ¿Cómo sobrevivir? Volviendo a nuestros orígenes, formando equipos.*

Antes de la segunda era industrial lo común era trabajar en equipo. Un carpintero trabajaba con su familia, y a todos los unía una meta clara. Sabían cuánto aportaba su trabajo al objetivo final. Con la segunda era industrial, el establecimiento de cadenas de producción individualizó el trabajo. Las personas dejaron de ver la figura completa resultante, pues aportaban sólo una pequeña parte repetitiva del proceso, lo cual fomentaba el individualismo en la sociedad[47].

Ahora, el aumento de la competencia y la velocidad del cambio están cuestionando el individualismo. La velocidad en la producción de los conocimientos y su distribución inmediata por internet hace imposible que una persona sola asimile la información.

En su libro *La inteligencia emocional en el trabajo,* Goleman menciona un estudio donde se preguntó: «¿Qué porcentaje de la sabiduría que necesita para hacer su trabajo está en su mente?». En 1986 la respuesta fue de un 75%; en 1997, sólo de un 20%[48]. Hoy tenemos que repartirnos en equipo la responsabilidad de aprender y actualizarnos.

Según Katsenbach, autor de *The Wisdom of Teams,* las personas pueden trabajar en conjunto de dos formas: en grupos o en equipos[49]. Cuando se trabaja en grupo las personas son responsables sólo de sus áreas. Su compromiso es sólo con sus propias metas. Por ejemplo, en un equipo directivo los gerentes de márketing, finanzas y operaciones responden sólo por sus áreas. En equipo, en cambio, la res-

---

[47] HOWARD, Jennifer y MILLER, Lawrence: *Administración en equipos: crear sistemas y habilidades para una organización basada en equipos.* Georgia. The Miller Consulting Group, 1994.

[48] GOLEMAN, Daniel: *Working with Emotional Intelligence.* New York: Bantam Books, 1998.

[49] KATZENBACH, Jon R. y K. SMITH, Douglas: *The Wisdom of Teams: Creating the High Performance Organization.* New York: Harper Business, 1994.

ponsabilidad y el compromiso es para todas las áreas y metas. En un equipo que desarrolla un producto, integrado por personas de márketing, finanzas y operaciones, cada miembro tiene funciones definidas, pero el lanzamiento del producto es responsabilidad de todos. No hay casilleros estancos: comparten la información y toman decisiones por consenso.

En grupo, el nivel de confianza y comunicación es medio. La comunicación se limita al trabajo y no se tocan temas personales. En equipo, el nivel de confianza es elevado y la comunicación, fluida e íntima, lo que aumenta el grado de compromiso y la velocidad de respuesta. En grupo, el trabajo termina en la oficina. En equipo, los miembros son como una familia y desarrollan actividades fuera del trabajo. En grupo, los conflictos son negativos y tardan en resolverse. En equipo, los conflictos son retos de crecimiento, se ven positivamente y se resuelven con rapidez. En conclusión, en los equipos, la productividad y la velocidad para lograr resultados se incrementa sustancialmente.

Pero trabajar en equipo no es fácil: requiere dejar hábitos individualistas aprendidos en el colegio, la universidad y el trabajo. Estamos acostumbrados a comprometernos con el resultado de nuestro propio trabajo. Para trabajar en equipo tenemos que correr el riesgo de comprometernos con el resultado del equipo. ¿Qué pasa si los compañeros no son capaces? ¿Si no logran el objetivo? ¿Cómo quedo yo si el equipo no funciona? Para trabajar en equipo debemos tener una actitud de servicio con nuestros compañeros y no buscar culpables si algo no sale bien. Los equipos no se forman de la noche a la mañana, sino que se requieren dos años de paciente trabajo y tolerancia entre los miembros.

A un maestro se le preguntó por la diferencia entre el cielo y el infierno. Él respondió: «En el infierno hay un cerro de arroz y las personas sólo pueden comer con cucharas de tres metros de largo. Ven el arroz y se mueren de hambre. Las cucharas son tan largas que no pueden meterlas en su boca. En el cielo, en cambio, hay también un cerro de arroz y las personas disponen de las mismas cucharas largas, pero unos les dan de comer a los otros».

Trabajar en equipo es cooperar. Es eliminar las barreras individualistas y deshacer los territorios. Descubra el gusto de trabajar en equipo y dejará de «trabajar» para el resto de su vida.

*[Creo que debemos hacer una reunión para mejorar nuestras reuniones.]*

# MEJORANDO LAS REUNIONES

*Las empresas están concentradas en disminuir los costos. Han emprendido programas de calidad para ser cada vez más competitivas. Pero todavía hay costos escondidos que no se toman en cuenta, como los de las reuniones.*

¿Cómo reaccionaría si se enterase de que en su empresa se gastan más de 200.000 dólares sin planificación ni control, y que ni siquiera son conscientes de que lo hacen? Posiblemente haría una revolución en el área de compras. Después de leer la introducción es probable que también haga una revolución en el desarrollo de las reuniones en su empresa.

Se ha comprobado estadísticamente que las reuniones le cuestan a la empresa un promedio del 10% de su presupuesto. Si una empresa tiene costos anuales de presupuesto de nóminas de dos millones de dólares, sus reuniones le cuestan 200.000 dólares.

Pero con tanta inversión, ¿logramos resultados? ¿Invertimos el dinero de la empresa adecuadamente? Cuando en mis talleres de liderazgo pregunto a los participantes acerca de la cantidad de reuniones que se realizan en sus trabajos, más del 70% opina que son más de las necesarias, y que el 40% de las reuniones no son efectivas.

Imagínese que usted está en medio de un atasco terrible. Todos tocan la bocina y tratan, en vano, de avanzar. No hay policías y usted tiene una cita en cinco minutos. ¿Cómo se siente? Es eso, exactamente, lo que ocurre en las reuniones mal preparadas. Todos quieren hablar, todos tienen su propia dirección. Nadie dirige el tráfico de las conversaciones, no se avanza nada y el tiempo «vuela».

Con el aumento del trabajo en equipo, las personas están trabajando cada vez más en reuniones. ¿Cómo se logra tener reuniones efectivas?

A continuación se detallan algunas sugerencias.

### *Justifique la reunión*

Recuerde que usted es el responsable de ordenar su tiempo. Si lo invitan a participar en reuniones, evalúe si debe asistir. Cuántas veces, estando ya sentado en una reunión, ha pensado: «¿Qué diablos hago yo aquí?». Que no le vuelva ocurrir. Sea asertivo e indique los motivos por los cuales es preferible que usted no participe. Su hora de trabajo tiene un costo elevado y no debe desperdiciar los recursos de la empresa.

Si usted es el responsable de organizar la reunión, cuestiónese si realmente vale la pena tenerla. Si se trata sólo de compartir información, existen otras formas de hacerlo, como el correo electrónico o remitir informes impresos. Una reunión es necesaria cuando se deben tomar decisiones en conjunto, cuando se requiere motivar y unificar al equipo, cuando se tiene que resolver un problema que afecta al equipo o cuando es necesario planificar.

*Planifique la reunión*

Hacer una reunión sin agenda es como manejar un velero sin timón: la embarcación se dirige a cualquier destino. La corriente y los vientos la controlan. Las personas intervienen sin ninguna orientación clara, la reunión termina por lo general a la deriva y no se logran resultados. Planifique la agenda de la reunión, pásela por adelantado a los participantes y expóngala durante los primeros minutos de la reunión. Luego, de acuerdo con el tiempo, escoja en equipo los temas verdaderamente importantes y concéntrese en ellos.

*Controle el proceso*

¿Qué pensaría si en un partido de fútbol el árbitro es miembro de uno de los equipos? No se puede dirigir y jugar un partido a la vez. No habría imparcialidad. Lo mismo ocurre cuando un líder es el encargado de moderar o facilitar una reunión. Éste tendría doble poder: poder de árbitro de la reunión y poder funcional[50]. Los asistentes se sentirían cohibidos para participar o discrepar. Los líderes tienden a acaparar la atención. Por eso es preferible que otra persona dirija la reunión. Las funciones del moderador son planificar la reunión con apoyo del líder, dirigir el tráfico de intervenciones asignando y cuidando los tiempos, preocuparse de que los extrovertidos no acaparen la reunión y de que los introvertidos participen. Recuerde que los introvertidos no intervendrán a menos que usted les pregunte su opinión.

Asegúrese de iniciar la reunión leyendo los compromisos del acta anterior. Si no hacemos un seguimiento de los acuerdos, es posible que los encargos no se cumplan y los miembros del equipo se desmotiven.

### *Evalúe*

Al finalizar la reunión, pregunte: «¿Qué debemos mejorar para la próxima reunión?». Abra una discusión en equipo durante los últimos cinco minutos de la reunión. Se sorprenderá de los resultados.

Finalmente, recuerde que las reuniones son para los equipos como el agua para las plantas. Un poco de agua las alimenta, las hace crecer y florecer. Demasiada agua las ahoga y las mata. No destruya a sus equipos con demasiadas reuniones o con reuniones interminables. Tenga pocas reuniones, bien dirigidas, y su personal y la empresa saldrán ganando.

---

[50] DOYLE, Michael y STRAUS, David: *The New Interaction Method: How to Make Meetings Work!* New York: Berkley Books, 1993.

> *Hay dos formas de irradiar la luz:*
> *ser la vela o el espejo que la refleje.*
>
> Edith Wharton

# VALORANDO LAS DIFERENCIAS

*Cada uno de nosotros es un ser que tiene un temperamento diferente. Conocer a los demás nos ayuda a entendernos y a respetar y valorar a los miembros de nuestro equipo.*

Hay quienes usan los signos zodiacales para predecir los temperamentos de las personas; incluso hay ejecutivos que sólo contratan personas de signo capricornio o virgo. Pero existen clasificaciones más científicas, como la de Myers-Briggs[51]. Este instrumento se basa en la teoría de tipos de temperamento de Carl Jung. Lea cada categoría y decida cuál lo describe mejor.

---

[51] KROEGER, Otto y THUESEN, Janet: *Type Talk: The 16 Personality Types that Determine How to Live, Love and Work.* New York. Tilden Press Book, 1998.

*Extroversión/introversión*

El extrovertido obtiene su energía de quienes lo rodean; necesita gente a su alrededor. Le encanta el trabajo en equipo. Está más orientado al logro, es práctico, comunicativo y quiere actuar con rapidez.

El introvertido obtiene su energía estando consigo mismo; disfruta trabajando individualmente y muestra un perfil bajo. Es más reflexivo y analítico.

El extrovertido piensa mientras habla; el introvertido piensa y después habla. Cuando trabaje en un equipo, asegúrese de limitar el tiempo que hablan los extrovertidos y de preguntarle a los introvertidos su opinión.

En una reunión de equipo donde éramos tres extrovertidos y un introvertido, tomamos una decisión importante. Al cabo de dos semanas de aplicación de los acuerdos de la reunión, me pareció que la persona introvertida estaba contrariada. Cuando le pregunté qué le pasaba, me dijo que no estaba de acuerdo con la decisión tomada hacía dos semanas. Entonces le pregunté por qué no me lo había dicho antes, a lo que respondió:

—Nadie me lo preguntó.

El director general de una empresa mediana me pidió que lo ayudara a aumentar la motivación de su equipo directivo. Sentía que por más que tratara de motivarlos, no veía resultados. Le parecía que sus reuniones eran aburridas y secas, que les faltaba un poco de energía.

Cuando tuve la oportunidad de presenciar una reunión, entendí lo que ocurría.

El director general era bastante extrovertido y todo su equipo, sin excepción, era muy introvertido. No estaban desmotivados; simplemente así era su temperamento, callado e introspectivo.

Le recomendé que, cuando tuviese la oportunidad, incorporara gerentes extrovertidos para equilibrar el equipo.

*Sensorial/intuitivo*

El sensorial se interesa por los detalles, por los datos específicos; tiene un razonamiento concreto y se centra en el presente.

Al intuitivo le interesa el todo; se guía por corazonadas, tiene un razonamiento abstracto y se concentra en el futuro.

El sensorial tiene los pies en la tierra: le gustan las cosas prácticas.

El intuitivo tiene la cabeza en las nubes: es visionario y piensa lo que podría ser.

Si le muestras un cuadro a un sensorial y le preguntas «¿qué ves?», su respuesta contendrá un conjunto enorme de detalles sobre el cuadro.

Si le haces la misma pregunta a un intuitivo, te responderá con una descripción muy general y te manifestará sus emociones y sensaciones sobre el cuadro.

La diferencia entre ambos radica en «a qué le prestan atención».

Un equipo de puros sensoriales manejará bien detalles y cifras, pero le faltará visión y creatividad.

Un equipo de puros intuitivos tendrá una visión maravillosa, pero difícilmente será capaz de ponerla en práctica.

*Racional/emotivo*

El racional es objetivo, impersonal; piensa con la cabeza, toma decisiones complejas y valora la lógica.

El emotivo es subjetivo, personal; piensa con el corazón, toma decisiones considerando a las personas, valora la armonía y la ayuda.

El racional resuelve los conflictos teniendo en cuenta lo justo y correcto; el emotivo lo hace considerando los sentimientos de las personas.

En Estados Unidos, los ejecutivos racionales representan el 95% de la fuerza laboral[52]. Pero los emotivos son indispensables para los equipos: ayudan a desbloquear conflictos; son empáticos y entienden mejor las necesidades de los clientes.

Cuentan que un viejo «racional» y un joven «emotivo» caminaban por la calle y se les presentó una rana. La rana se dirigió al viejo «racional» y le dijo:

—Si me besas se romperá el hechizo, me convertiré en princesa y te amaré para el resto de tu vida.

El viejo cogió la rana, la puso en su bolsillo y siguió caminando. Al ver que el viejo no hacía nada, el joven «emotivo» le preguntó:

---

52 Ibíd.

—¿Por qué no besas a la rana? ¡Puede ser el amor de tu vida! ¡No pierdas la oportunidad!

El viejo «racional» le respondió:

—A mi edad, prefiero una rana que hable.

*Perceptor/juzgador*

Al perceptor le gusta tener varias alternativas abiertas para tomar decisiones.

El juzgador las toma rápidamente y, una vez decidido, no hay marcha atrás.

El perceptor se sale del tema en las reuniones y divaga; rompe horarios y planes; y puede empezar varios proyectos a la vez.

Al juzgador le encantan las agendas establecidas, cierra punto por punto sin salirse del tema.

No hay tortura más grande para un juzgador que una reunión que empieza fuera de hora, que se cambien horarios y planes. Ellos son ordenados, planificados y toleran poco la ambigüedad. Los juzgadores leen el periódico empezando por la primera sección y continúan ordenadamente hasta terminar.

El perceptor, en cambio, lee de aquí y de allá buscando cosas que lo motiven.

En una estadística basada en el test de Myers-Briggs se observa que el 87% de las personas que ocupan puestos directivos son juzgadoras[53]. Esto resulta lógico, puesto que el orden y la planificación son cruciales para dirigir una empresa. Pero los per-

53 Ibíd.

ceptores aportan cambio, alternativas y flexibilidad, tan necesarios hoy en día.

De la misma forma que usted prefiere escribir con su mano derecha pero puede hacerlo con la izquierda con un poco de esfuerzo, usted puede variar su estilo de temperamento cuando lo desee[54].

Recuerde que la sal es rica en las comidas, pero su exceso las hace indigeribles.

Lo mismo ocurre con los estilos.

Una persona extremadamente extrovertida hará imposible el trabajo en equipo, pues no dejará hablar a sus compañeros.

Una persona en extremo sensorial no permitirá a los otros miembros soñar ni visionar.

Para trabajar en equipo con éxito debemos conocernos, valorar nuestras diferencias y moderar nuestros estilos.

---

[54] KUMMEROW, Jean; BARGER, Nancy y Kirby, Linda: *Type Talk at Work: How the 16 Personality Types Determine your Success on the Job*. New York. Dell Publishing, 1993. KUMMEROW, Jean; BARGER, Nancy y KIRBY, Linda: *Work Types: Understand your Work Personality*. New York. Warner Books,1997.

# [IX] Servicio

De niños todos pasamos por una etapa muy egocéntrica. Es parte de nuestro desarrollo y de la formación de nuestra identidad. El problema es que muchos se quedan en esta etapa y no crecen ni maduran. Cuando estamos centrados sólo en nosotros mismos nos perdemos las mejores oportunidades que nos ofrece la vida para ser felices. Además, solo queremos recibir de los demás y no estamos dispuestos a dar, lo cual bloquea el flujo natural de energía.

Hay casos en los que la naturaleza nos enseña la importancia de dar y recibir; y si uno da, también recibe. Por ejemplo, las lagunas le entregan agua a los ríos, los ríos al mar, el mar a las nubes, y finalmente el agua regresa a las lagunas en forma de lluvia. Hay un flujo de recursos permanente que permite dar y recibir. En este sistema, el recurso que se entrega y se mueve es el agua; en el servicio, lo que se entrega y mueve es el amor.

El servicio, además, es bueno para la salud. De la misma forma que los deportes nos ayudan a estar bien de salud, a quemar toxinas, a relajarnos y a mantener un ritmo aeróbico adecuado, hay estudios que demuestran que el servicio también ayuda sustancialmente al cuerpo. Una de las ocasiones en las que nos gusta el deporte es cuando competimos contra otros o contra nosotros mismos. Es decir, cuando el ego está de por medio, cuando queremos ganar, ser los mejores.

En el servicio, el ego, al contrario de lo que ocurre en el deporte, se reduce. Al hacer cosas por los demás y no por nosotros mismos disminuimos el deseo de ser nosotros los protagonistas. El servicio puede ser muy amplio. Hay personas que dedican su vida a la ayuda a enfermos, ancianos o niños. Pero el servicio también existe en la empresa: ayudando y apoyando a colegas en el trabajo, desarrollando y haciendo crecer a subordinados, preocupándose de ellos como personas.

*Todos los ríos fluyen al mar porque está*
*[por debajo de ellos.*
*La humildad le da al mar su poder.*
*Si quieres gobernar a las personas,*
*te tienes que poner por debajo de ellas.*
*Si quieres liderar a las personas,*
*tienes primero que aprender a seguirlas.*

Lao Tzu

# LIDERAZGO: UNA FORMA DE SERVIR

*Las teorías modernas de liderazgo y gerencia han evolucionado hacia un liderazgo participativo en el que el líder obtiene el poder a partir del servicio a sus seguidores.*

Este capítulo del *Tao Te Ching* de Lao Tzu cuestiona los paradigmas tradicionales del líder fuerte que manda y dirige autoritariamente, y lo reemplaza por el líder orientado al servicio de sus subordinados. Es común en nuestro medio encontrar personas en posiciones gerenciales que «lideran» basándose en el poder formal que obtienen del puesto. Un poder que se basa en el miedo a las represalias es un liderazgo egoísta. En este caso, el líder busca, antes que nada, cumplir sus objetivos personales. Este tipo de liderazgo es de corto plazo; no motiva ni genera compromiso ni lealtad en los seguidores.

Lao Tzu propone un liderazgo servidor en el que el enfoque principal está en los seguidores. El líder deja de ser el centro, aleja su ego y piensa en las necesidades de crecimiento y desarrollo de su gente y la ayuda a lograr sus objetivos. Este liderazgo obtiene el poder del respeto, la gratitud y la admiración de los seguidores, lo que genera un verdadero compromiso a largo plazo.

Uno de los grandes culpables de que existan los líderes egoístas son las mismas empresas, como menciona Peter Block en su libro *The Empower Manager*[55]. Muchas conceden un conjunto de símbolos de *status* a medida que se asciende en la organización. Los jefes tienen oficina con sala de reuniones; los subdirectores poseen coche, aparcamiento asignado y son invitados anualmente a la casa del presidente corporativo. Estos símbolos incentivan a las personas a tomar el ascenso como «prioridad número uno», y a dejar de lado el objetivo primordial de la empresa: servir a sus clientes. Cuando el líder sólo quiere ascender, pone sus intereses por encima de los de sus subordinados y empieza la carrera egoísta.

---

[55] BLOCK, Peter: *The Empowered Manager: Positive Political Skills at Work*. San Francisco: Jossey-Bass Publishers, 1987.

Cuando visité las instalaciones de la compañía Intel, empresa billonaria en Estados Unidos, me mostraron la oficina del presidente, Andy Groove. La oficina era un cubículo más entre otros. La persona que me guiaba, al ver mi cara de sorpresa, me dijo:

—En Intel nadie tiene beneficios especiales. Ni el presidente tiene oficina privada. Tampoco aparcamiento asignado.

Otro tema que toca este capítulo del *Tao Te Chin* es la humildad del líder. Hoy en día, dada la velocidad de los cambios, necesitamos mucha información para tomar decisiones. Cuando un líder es soberbio se preocupa más por alabarse que por escuchar a sus subordinados, con lo que pierde una fuente valiosa de retroalimentación y se aleja de su realidad. La soberbia nos hace sordos a las señales del mercado y reduce nuestra capacidad de responder con rapidez.

Una historia ancestral de la filosofía sufí nos relata las consecuencias de la soberbia. Un barquero que se dedicaba a cruzar personas al otro lado del río recibió a un intelectual como pasajero. Al poco tiempo de empezar la travesía, el intelectual le pregunta al barquero:

—Oiga, ¿alguna vez ha estudiado gramática o fonética?

El barquero respondió humildemente que no. El intelectual replicó con soberbia:

—¡Qué pena! Usted ha perdido la mitad de su vida.

El viaje siguió y una hora después el bote chocó contra una roca y empezó a hundirse. El barquero le preguntó al intelectual:

—Oiga, ¿alguna vez ha estudiado natación?

El intelectual, desesperado, respondió que no. Entonces el barquero replicó:

—¡Qué pena! En ese caso, usted ha perdido *toda* su vida.

Tenemos que olvidar los viejos paradigmas soberbios y autoritarios de liderazgo y reemplazarlos por otros al servicio del personal. Tengamos coraje para apartar nuestro ego y liberar el humilde servidor que todos llevamos dentro.

*¿Puedes liderar a tu gente sin tratar de*
*[controlarlos?*
*¿Puedes abrir y cerrar compuertas*
*en armonía con la naturaleza?*
*¿Puedes ser comprensivo sin hacerte el*
*[sabio?*
*¿Puedes crear sin ser posesivo?*
*¿Lograr sin asumir el crédito?*
*¿Liderar sin el ego?*
*Éste es el más alto poder.*

Lao Tzu

# ES RECOMENDABLE EJERCER UN LIDERAZGO SIN EGO

*Hoy día se necesita que los líderes deleguen más en sus subordinados. El cliente no espera, y se requiere que el personal tenga capacidad de respuesta inmediata. Sin embargo, existe una barrera para lograr este objetivo: el ego del líder.*

Cuando asista a una reunión social, haga el experimento de ser muy sociable; participe en diferentes grupos, pero no diga una palabra; sólo escuche. Probablemente oirá que un grupo juzga a una persona ausente diciendo algo como: «me parece bien que despidan a Pedro: era un vago», o «¿has visto lo mal vestida que ha venido fulanita?».

Continuarán juzgando hasta que le toque su turno.

Cuando le toque a usted y no juzgue, ocurrirá el fenómeno de arrepentimiento en masa. Seguro habrá alguien que diga, arrepentido:

—Sí, pero fulanito es buena gente.

¿Por qué tendemos a juzgar a las personas ausentes? Por el deseo de nuestro ego de elevar su sentimiento de valor y competencia personal. Al juzgar a otra persona, la devaluamos para, subconscientemente, colocarnos a nosotros mismos por encima de ella. Quienes tienen una baja autoestima normalmente poseen un ego fuerte, una personalidad inferior que quiere desesperadamente elevar la autoestima de forma ficticia. Al juzgar a otras personas sentimos una sensación temporal de competencia o valoración.

Los líderes que tienen un ego fuerte causan muchos problemas interpersonales en la organización.

Un líder que busca errores en su personal para sentirse superior, competente y valorado, lo desmotiva, porque sólo ve los aspectos negativos.

Un jefe que siempre tiene la razón obstaculiza el aporte de ideas creativas de su personal. No permite que alguien lo contradiga, puesto que esto significa confirmar que no es capaz.

Al líder perfeccionista, que exige que todo salga 100% perfecto, le basta un problema insignificante para maltratar a su personal y convertir todo en una catástrofe.

No está mal buscar la excelencia, pero estos líderes creen que no tener el 100% de perfección significa sentirse totalmente incompetentes.

Finalmente está el líder protagonista, que no deja destacar a ningún subordinado: es tan inseguro, que su ego trata de aprovechar todas las oportunidades para mostrarse como el único capaz y exitoso ante los superiores.

¿Reconocemos a alguno de ellos en nuestros trabajos? Seguramente sí, en terceras personas, pero no en nosotros mismos. Las manifestaciones del ego son comportamientos que afectan a nuestras relaciones interpersonales sin que nos demos cuenta. Es fácil sacar piedras que están en un recipiente de agua, pero qué difícil es sacar la sal disuelta. El ego está disuelto en nuestra personalidad, razón por la cual es difícil extraerlo. Lo peor de todo es que creemos que somos el ego, pero en realidad somos mucho más.

En su libro *Songs of the Bird,* Anthony de Mello cuenta la historia de un granjero que encuentra un huevo de águila y lo pone debajo de una gallina. Cuando nace el águila, ésta piensa que es una gallina. Aprende a picotear los granos de maíz, a volar a un metro de altura y a hacer todo lo que hacen las gallinas. Un día ve un águila volando. Impresionada, le pregunta a su madre adoptiva:

—¿Qué es eso?

La gallina responde:

—Es un águila, la reina de las aves. Vuela por todo lo alto. Nosotros estamos limitados al suelo, sólo somos gallinas.

Cuenta la historia que el águila vivió y murió como gallina[56].

Como líderes, tenemos que despertar y entender que somos más que egos. En el fondo somos seres bondadosos, humildes y con deseos de servir a nuestro personal y de ayudarlo a desarrollarse. Es nuestro reto deshacer las cadenas que nos esclavizan al ego.

---

[56] DE MELLO, ob. cit.

*Tú debes ser el cambio que quieres ver en el mundo.*

Mohandas K. Gandhi

# La verdadera evolución

*En el inicio del nuevo milenio, los adelantos tecnológicos han revolucionado la forma de vida de los seres humanos en el Planeta. ¿Estamos en la cumbre de nuestra evolución como especie?*

Aparentemente, el siglo XX terminó dejando a la humanidad en la cumbre de su evolución. Internet, supercomputadoras, redes inalámbricas, teléfonos móviles, reconocimiento de voz y realidad virtual son algunas tecnologías en expansión. El futuro de la tecnología es impredecible. El MIT (Massachusetts Institute of Technology) está desarrollando ordenadores tan pequeños que podrán ser parte de nuestro vestuario. Estamos cerca de tener una estación espacial, y es posible que pronto un hombre pise en Marte. ¿Es esto evolución?

La revista *Le Monde Diplomatique* publicó estadísticas escalofriante sobre la desigualdad en el mundo: «... las tres personas más ricas del mundo poseen una fortuna superior al PIB de los 48 países más pobres»; «tres mil millones de seres humanos viven con menos de dos dólares diarios», y «... con sólo tomar el 4% de las 225 fortunas más grandes del mundo se lograría resolver los problemas de alimentación, agua potable, educación y salud de todo el planeta». Paralelamente, aparecen conflictos bélicos. Los motivos son varios: etnocentrismo, territorialidad, ideas políticas o, simplemente, el deseo de poder de los gobernantes.

En el mundo empresarial tratamos de sobrevivir a las guerras y miedos de la globalización. La revista *The Economist* captó la esencia de esta situación con la siguiente cita: «Cada mañana, en África, una gacela despierta. Ella sabe que debe correr más rápido que el león más lento o morirá. Cada mañana, en África, un león despierta. Él sabe que debe correr más rápido que la gacela más veloz o morirá de hambre. En África, no importa si eres un león o una gacela. Cuando salga el sol, más vale que te pongas a correr». La globalización ha aumentado la cantidad de leones. Estamos en una carrera para que no nos coman, o buscamos ganar fuerzas para convertirnos en leones. Es una carrera fría, que genera miedos y nos hace mirar sólo nuestro beneficio. Cuando se trata de sobrevivir, es difícil mirar más allá.

¿Se puede hablar de una gran evolución en un mundo de guerras y matanzas, en un mundo en el que una gran parte de la población muere de hambre? ¿En un mundo donde reinan el miedo y el egoísmo?

¿En un mundo en el que la mayoría sólo ve su beneficio personal?

En su libro *The Seat of the Soul,* Gary Zukav sostiene que la verdadera evolución del hombre surge cuando desarrolla actividades por encima de sí mismo[57]; cuando hace servicio desinteresado, deja de pensar sólo en sus beneficios y se preocupa por los demás. La evolución del hombre no radica en la tecnología, sino en su nivel de conciencia. Si por un momento todos los seres humanos se dedicaran a entregar amor en vez de pedir y reclamar, acabarían las guerras, desigualdades, injusticias y miedos. La esencia del hombre es servir a sus pares, pero lo hemos olvidado.

Como menciona Peter McWilliams en su libro *You Can't Afford the Luxury of a Negative Thought* un estudio realizado en Tecumesh, Michigan, los hombres que no servían desinteresadamente a los demás tenían 2,5 veces mayor probabilidad de morir antes de los que lo hacían. El servicio es una fuente de salud pero, sobre todo, es una fuente inagotable de paz y felicidad.

¿Cómo empezar a cambiar el mundo? Permítame responder con una historia que cuenta Anthony de Mello en su libro *El canto del pájaro:* un hombre rezaba a Dios para que cambiara el mundo. Como

---

[57] ZUKAV, Gary: *The Seat of the Soul.* New York. Fireside Books, 1990.

no pasaba nada, comenzó a pedir que, por lo menos, cambiara a las personas cercanas a él. Pero el tiempo pasó y no hubo cambios. Cerca de su muerte se dio cuenta del tiempo perdido, y pidió a Dios que le diera fuerzas para cambiar él. Finalmente, se dio cuenta de que la única forma de cambiar el mundo es cambiando primero uno mismo, y dando ejemplo.

# [Epílogo]

> *Nada prueba tan contundentemente la habilidad de un hombre para dirigir personas como la habilidad que tiene para dirigirse a sí mismo.*
>
> Thomas Watson

## Liderando con integridad

*En un mundo cambiante, donde hay poca visibilidad y hay que tomar decisiones a cada instante, necesitamos tener instrumentos que nos orienten, que nos indiquen el verdadero norte para no equivocarnos. Esos instrumentos son nuestros principios.*

¿Cuál cree usted que es la característica más importante que debe tener un líder? Cuando hago esta pregunta a mis alumnos, las respuestas más comunes son: visión, inteligencia y creatividad. Sin embargo, según un estudio realizado sobre veinte mil personas por Kouzes y Posner, la característica más importante es la integridad[58].

Así como depositamos dinero en un banco, los subordinados depositan en el líder su capital más preciado, su confianza, y esperan ser remunerados con pagos de integridad. Pero en la primera ocasión en la que el líder no es íntegro, se comportan tal como lo harían con un banco que no ha pagado intereses sobre sus depósitos: retiran su dinero y dejan que el banco quiebre. En el caso del líder, le retiran su confianza y lo dejan sin poder.

Para evitar malos entendidos, el líder debe hacer explícito lo que es importante para él; debe manifestar cuáles son sus valores y actuar conforme a ellos. Pero esto no es fácil. Imagínese que ha compartido con su personal sus valores: honestidad, eficiencia y calidad. Hay un problema de recesión y despedirán a dos miembros del equipo. Su jefe le pide que no lo comente con su gente hasta que se lleve a cabo la reorganización, para no perjudicar el ambiente laboral y la eficiencia. Uno de los que va a ser despedido le dice que se ha enterado de la reducción de personal. Tiene esposa y cuatro hijos que mantener. Le supli-

---

[58] KOUZES y POSNER, ob. cit.

ca que le diga si debe buscar otro trabajo. ¿Qué hacer? Si no le dice nada, cuando lo despidan habrá violado el valor de la honestidad. Si le dice la verdad, estará violando el valor de la eficiencia.

Este dilema muestra el choque entre valores absolutos y relativos. Los valores absolutos son inherentes al ser humano: no cambian y son los principios universales. Rigen la interrelación de las personas. Es el caso, por ejemplo, de la honestidad, el respeto, la justicia y el amor. Los valores relativos varían de persona a persona. Cambian en el tiempo y de acuerdo con la situación. Entre éstos están, por ejemplo, la eficiencia, la estética, el ahorro y el orden. Según Stephen Covey, cuando vivimos en un territorio cambiante los mapas resultan obsoletos. En cambio, una brújula nos muestra la dirección correcta para cada decisión. Los valores relativos son como el mapa; los valores absolutos o principios, como la brújula: los principios señalan siempre el verdadero norte[59].

En el ejemplo anterior, antes de aceptar el encargo de despedir a personal de su equipo sin comunicárselo con anticipación, el jefe debió mirar su brújula para decidir si aceptaba o no el reto y preguntarse si el encargo estaba de acuerdo con sus valores.

Vivir basándonos en principios no es fácil. La historia da cuenta de muchos líderes que han sufrido para mantenerse íntegros. Mahatma Gandhi fue

---

[59] COVEY, Stephen R.: *Principle-Centered Leadership.* New York. Fireside Books, 1992.

encarcelado y golpeado por ser consecuente con sus principios de justicia y paz. A Martin Luther King lo asesinaron por mantener sus principios de justicia e igualdad. Nelson Mandela estuvo 27 años en la cárcel por permanecer firme en su principio de honestidad. Él pudo alcanzar su libertad cambiando su posición públicamente, pero no lo hizo. Los beneficios de vivir basándonos en nuestros principios difícilmente se ven en el corto plazo. Al contrario: se requiere mucha convicción y coraje para sobrellevar las dificultades que implica permanecer fieles a ellos.

También hay ejemplos de líderes que fueron íntegros con sus valores relativos, pero que hicieron mucho daño pues no respetaron los principios universales. Por ejemplo, los líderes del régimen de *apartheid* en Sudáfrica, que valoraban la supremacía de la raza blanca pero no los principios de igualdad, respeto a las personas y a la vida.

Cuentan que un musulmán estaba rezando cuando una mujer pasó delante de él. Muy molesto, le gritó: «¡Mujer atrevida, cómo osas pasar delante cuando rezo. Eso está prohibido!». Ella contestó: «Y cuando rezas, ¿en quién piensas?». Él respondió: «En Dios; cuando rezo me uno con Dios, me fundo con Dios». «Qué raro —respondió la mujer—. Yo estaba pensando en mi novio. Por eso no vi que estabas allí. Pero si tú piensas en Dios de esa forma, ¿cómo pudiste verme?»[60].

---

[60] HAZRAT INAYAT KHAN, ob. cit.

Lo que decimos no es importante. Es lo que hacemos lo que realmente cuenta y lo que perciben nuestros subordinados. Hagamos lo que decimos y digamos lo que hacemos. Vivamos conforme a nuestros principios. Sólo así tendremos el poder para liderar.

Este libro se terminó de imprimir
en los talleres gráficos de Fernández Ciudad, S. L.
(Madrid), el mes de septiembre de 2002.

